高水平专业群教材建设专项项目
铁道信号自动控制专业系列统编教材
新时代新理念职业教育教材
职业教育"岗课赛证"融通教材

铁路调度指挥系统维护

主　编　卢广文
副主编　莫建国　陈婷婷
主　审　王云鹏

北京交通大学出版社
·北京·

内 容 简 介

　　本书为高等职业教育铁道信号自动控制专业系列教材之一。全书系统介绍了铁路列车调度指挥系统 TDCS、分散自律调度集中系统 FZ-CTC 的设备组成、网络结构、系统功能、设备的安装维护和故障处理方法，主要内容包括铁路列车调度指挥认知、铁路列车调度指挥系统维护和铁路调度集中系统维护，着重讲述车站子系统，为今后工作打下基础。

　　本书为高等职业教育铁道信号自动控制专业和相关专业的教学用书，也可供铁路现场工程技术人员参考学习。

图书在版编目（CIP）数据

　　铁路调度指挥系统维护 / 卢广文主编；莫建国，陈婷婷副主编. —北京：北京交通大学出版社，2023.12（2025.7 重印）
　　新时代新理念职业教育教材　高水平专业群教材建设专项项目
　　ISBN 978-7-5121-4911-3

　　Ⅰ. ① 铁…　Ⅱ. ① 卢…　② 莫…　③ 陈…　Ⅲ. ① 铁路行车－运输调度－管理信息系统－维修－高等职业教育－教材　Ⅳ. ① U284.59

　　中国国家版本馆 CIP 数据核字（2023）第 043057 号

铁路调度指挥系统维护
TIELU DIAODU ZHIHUI XITONG WEIHU

项目总策划：陈　颖	
责任编辑：陈跃琴	
出版发行：北京交通大学出版社	电话：010-51686414　　http://www.bjtup.com.cn
地　　址：北京市海淀区高粱桥斜街 44 号	邮编：100044
印　刷　者：艺堂印刷（天津）有限公司	
经　　销：全国新华书店	
开　　本：185 mm×260 mm　印张：10　字数：250 千字	
版　印　次：2023 年 12 月第 1 版　　2025 年 7 月第 3 次印刷	
定　　价：45.00 元	

本书如有质量问题，请向北京交通大学出版社质监组反映。对您的意见和批评，我们表示欢迎和感谢。
投诉电话：010-51686043，51686008；传真：010-62225406；E-mail：press@bjtu.edu.cn。

前　　言

　　本书编写遵循学生的认知规律，同时适应铁路快速发展，以现代铁路调度指挥主流产品为蓝本进行介绍，打破原有的思维观念，在突出系统结构功能的同时也注重设备间的网络连接，同时也打破通信信息的壁垒，建立统一的知识体系。

　　现代化的铁路运输调度指挥方法是铁路运输现代化管理的前提，也是铁路运输现代化建设和应用的重点。铁路列车调度指挥系统（TDCS）以通信技术、计算机技术、信号技术改变了传统的调度指挥模式，为调度运输管理提供了更大的便利。

　　铁路调度集中系统采用智能化分散自律设计原则，以列车运行调整计划控制为核心，同时兼顾列车作业与调车作业的高度自动化，采用计算机分布式网络控制技术和信息化处理技术，将列车运行调整计划下传至各个车站自律机中自主自动执行，在列车运行调整计划的基础上，解决列车作业与调车作业在时间上与空间上的冲突，实现列车作业和调车作业的统一控制。

　　本书为"岗课赛证"融通教材，对接新时代职业学校名师（名匠）名校长培养计划（2023—2025年）名师（名匠）建设内容。全书主要分为3个项目，分别是项目1铁路列车调度指挥认知、项目2铁路列车调度指挥系统维护和项目3铁路调度集中系统维护，旨在由浅入深地建立一个整体的铁路调度指挥系统的概念，形成独立与整体相呼应的结构。

　　本书由吉林铁道职业技术学院卢广文担任主编，吉林铁道职业技术学院的莫建国、陈婷婷担任副主编，沈阳铁路局集团有限公司吉林电务段技术科王云鹏担任主审。其中，卢广文负责教材的整体设计，编写项目2和项目3的任务3.1和3.2，陈婷婷编写项目1，莫建国编写项目3的任务3.3和3.4。

　　由于作者水平有限，加上时间仓促，不足之处在所难免，恳请读者批评指正。

编　者

2023年10月

目　　录

项目 **1**

铁路列车调度指挥认知

项目描述

铁路是国民经济大动脉、国家重要基础设施和大众化交通工具，是综合交通运输体系骨干，在我国经济社会发展中的地位至关重要。铁路运输具有高度集中的特点，各工作环节须紧密联系、协同配合。铁路运输组织工作，必须贯彻安全生产的方针，坚持集中领导、统一指挥、逐级负责的原则。铁路运输调度担负着保障运输安全、组织客货运输、保证国家重点运输、提高客货服务质量的重要责任，对完成铁路运输生产经营任务、提高铁路运输企业效益起着重要作用。凡与行车组织有关的日常生产活动都必须在运输调度的统一组织指挥下进行。全国铁路行车组织工作，根据《铁路技术管理规程》(简称《技规》)规定办理。各铁路局集团公司依据《技规》根据管内具体条件制定《行车组织规则》(简称《行规》)，按《行规》规定办理行车组织工作。

铁路运输调度是指由铁路运输部门设立调度机构，对铁路日常运输生产实施的统一指挥和组织。其主要工作是列车运行的指挥、货车装卸和列车开行的计划与组织，以及车流调整等。铁路运输调度是保证列车按列车运行图正点运行、对铁路运输生产进行全面指挥和监督的工作。

教学目标

（1）了解铁路运输调度工作概况。

（2）了解行车组织工作及行车组织人员的工作内容。

（3）全面理解铁路运输工作过程。

任务 1.1　铁路运输调度工作认知

工作任务

通过了解铁路运输工作过程，为学生日后学习铁路调度指挥和铁路调度集中系统打下基础，并建立对铁路运输工作的宏观认识。

知识链接

1. 铁路运输调度工作概况

铁路运输具有高度集中、各个工作环节紧密联系、协同配合的特点，铁路运输调度是铁路日常运输组织的指挥中枢，担负着确保运输安全、组织客货运输、保证国家重点运输、提高客货服务质量的重要责任，对完成铁路运输生产经营任务、提高铁路运输企业效益起着重要作用。而列车调度又是铁路日常行车组织的指挥中枢，负责实时监控列车运行、调整运行秩序、发布相关行车命令、处理各类突发事件等具体工作，是确保铁路运输安全和完成各项运输指标的关键岗位。

铁路列车调度工作按照中国国家铁路集团有限公司（简称国铁集团）、铁路局集团有限公司（简称集团公司）、车站形成固定的三级管理结构。其中集团公司调度所列车调度员负责管内所有铁路线路的行车调度指挥工作，在国铁集团运输调度指挥中心（简称调度中心）的领导下，指挥车站值班员、车站调度员、机车乘务员等行车主要工种完成铁路安全运输任务及经营任务，是整个行车调度系统最核心的岗位。

铁路运输调度工作实行分级管理、集中统一指挥。国铁集团设调度中心，集团公司设调度所，车站设调度室/运转室，集团公司调度所应设综合、安全、技术教育、分析、统计室，计划、行车、高铁、客运、货运、特运、机车、车辆、供电、工务、电务调度室，以及施工办公室。

国铁集团高铁调度中心设机车、客运、行车调度台。根据工作量，有关调度台可合并设置。涉及高铁的其他工种，调度工作由相关普速铁路调度台兼任。集团公司调度所设值班主任及列车、客运、机车调度台，涉及高铁的其他工种调度台由集团公司根据需要设置或由相关普速铁路调度台兼任。根据工作量，有关调度台可合并设置，具体由集团公司确定。各工种调度可根据需要设置主任调度员岗位。

在铁路日常行车安全管理工作上，国铁集团按规定对集团公司调度指挥安全工作实施监督管理，集团公司对本局调度指挥安全工作全面负责。在日常运输组织工作中，下级调度人员必须服从上级调度人员的指挥。国铁集团调度中心统一指挥各集团公司和专业运输公司完成运输生产经营任务；集团公司调度所统一指挥集团公司管内运输生产单位完成运输生产经营任务。

2. 铁路行车组织工作

铁路行车组织工作必须贯彻安全生产的方针，坚持高度集中、统一领导的原则，发扬社会主义协作精神，运输、机务、车辆、工务、电务等部门要主动配合，紧密联系，协同动作，组织均衡生产，不断提高效率，挖掘运输潜力，完成和超额完成铁路运输任务。

1）列车运行图

列车运行图是铁路行车组织工作的基础。所有与列车运行有关的铁路各部门，必须按列车运行图的要求，组织本部门的工作，以保证列车按列车运行图运行。

列车运行图应根据客货运量确定列车对数，并符合下列要求：

（1）列车运行的安全。

（2）迅速、便利地运输旅客和货物。

（3）充分利用通过能力，经济合理地运用机车车辆和安排施工时间，在运输繁忙干线安排综合天窗。

（4）做好列车运行线与车流的结合。

（5）各站、各区段间的协调和均衡。

（6）合理安排乘务人员的作息时间。

2）运输方案

运输方案是保证完成月、旬运输工作的综合部署。集团公司、站段，应根据实际情况，按照月度货物运输计划、技术计划的要求和列车编组计划、列车运行图、机车周转图的规定，按级编制货运工作、列车工作、机车工作和施工等方案。各级运输部门，均应主动与路内外有关单位密切配合，共同编制和执行运输方案。

3. 普速铁路列车调度指挥机构

根据我国铁路实际，我国实行三级调度指挥体系，即国铁集团—集团公司—车站。国铁集团调度中心设值班处长及行车、客运、机车、货运、军运、特运、行包（快运）、集装箱、施工及车辆、动车、供电等调度台。相关调度台设置相关调度指挥岗位。

集团公司调度所设值班主任及列车、客运、机车、货运、特运、施工、车辆、动车、红外线、供电等调度台，根据需要设置快运、集装箱、篷布调度台。根据各工种调度台工作量，有关调度台按集团公司规定可合并设置。各工种调度台设主任调度员岗位。

车站根据实际情况设值班站长、运转值班员、客运值班员、车站调度员、助理调度员、车辆段值班员、货运调度员、机车调度员、统计调度员等岗位。

普速铁路列车调度指挥体系中相关岗位设置及管理流程如图 1-1 所示。

4. 高速铁路列车调度指挥机构

高速铁路调度指挥的重点及关键环节与普速铁路有较大差异，车站运转部门一般不参与

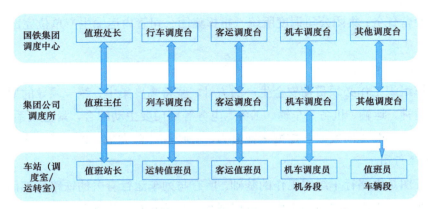

图 1-1　普速铁路列车调度指挥体系中相关岗位设置及管理流程

行车，因此在其调度指挥体系中，车站一级的指挥管理功能较为薄弱，主要以国铁集团调度中心和集团公司调度所为主。

国铁集团高铁调度中心设值班处长及高铁、动车调度台，涉及高铁的其他工种调度工作由相关普速铁路调度台兼任。相关调度台设置相关调度指挥岗位。

集团公司调度所高铁调度部门设高铁值班副主任、助理调度员、客运调度员，以及高铁计划、列车、客运、动车、供电、施工调度台，涉及高铁的其他工种调度工作由相关普速铁路调度台兼任。高铁值班副主任、高铁计划调度台、列车调度台的业务管理由高铁（客专）调度室负责；动车、客运、施工、动车司机、供电调度台的业务管理分别由车辆、客运、施工、机车调度、供电室负责。

高铁列车调度指挥体系中相关岗位设置及管理流程如图 1-2 所示。

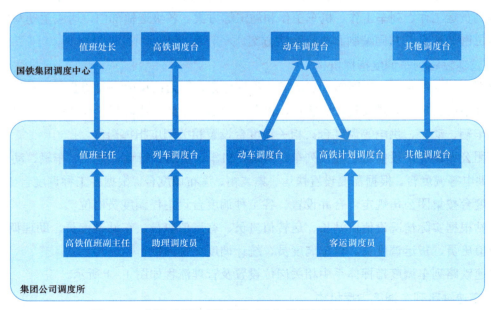

图 1-2　高铁列车调度指挥体系中相关岗位设置及管理流程

5. 列车调度指挥人员职责

在具体负责列车调度指挥的各岗位中，国铁集团行车调度及高铁调度、集团公司值班主任及高铁值班副主任、列车调度员是最重要的岗位，下面通过明确其工作职责、梳理其作业过程来了解其指挥内容。

1）国铁集团行车调度及高铁调度主要岗位职责

（1）负责全路（包括高铁）运输组织和调度指挥工作，监管和检查集团公司运输组织和调度指挥工作，同时维护调度纪律，检查各集团公司执行国铁集团规章制度和调度命令的情况，对违章、违令造成不良后果的单位和人员进行通报批评并提出处理意见。

（2）负责全路（包括高铁）日常旅客运输组织及各线货物运输组织工作，同时经济合理地使用机车车辆和动车组列车，组织各集团公司及时输送旅客和货物，充分利用运输能力，挖掘运输潜力，提高运输效率和效益。

（3）编制和下达国铁集团调度轮廓计划和日计划，检查各集团公司调度日（班）计划、高铁日计划执行情况，监督、检查各集团公司按列车运行图行车，及时协调处理集团公司间运输工作中出现的问题，实现集团公司间分界口畅通。

（4）掌握各集团公司动车组配属、转属、借用、调动、运用及检修情况，掌握全路旅客列车的运行情况，收集、分析晚点原因，组织有关集团公司及相关单位（人员）采取措施，恢复运行秩序。

（5）掌握各集团公司调度工作情况，检查日常运输工作完成情况，掌握全路重点运输任务情况，以及军、专、特运工作，新老兵运输工作。重点掌握有关的旅客列车及动车组始发、运行情况。

（6）检查、通报安全情况，及时收取、掌握铁路交通事故、设备故障、自然灾害等突发事件信息，按规定进行应急处置、通报信息、组织救援、调整运输，负责调动跨局的救援列车、救援队、动车组列车。

2）集团公司高铁值班副主任岗位职责

（1）在值班主任的领导下，负责管辖范围内高铁运输生产的集中统一指挥，协调高铁各线间、高铁与普速铁路间的运输工作。加强与邻局调度所间的工作联系，并向国铁集团调度中心高铁调度部门汇报有关工作。

（2）严格执行各项规章、文件、电报、命令和安全管理制度。

（3）掌握高铁区段列车运行情况，遇涉及高铁的非正常行车组织、应急处置等情况时，上调度台加强组织指挥。

（4）掌握相关区段施工、维修计划和试运行列车开行、动车组回送情况。

（5）负责审核管内高铁调度日计划及动车组列车临时加开、停运、变更径路、途中折返、定员变化、变更客运营业站、变更车底、回送及试运行等调度命令。遇非正常情况，指导相关调度人员调整列车开行计划（含客运业务停站股道运用计划）、动车组车底运用计划。

（6）组织协调相关工种调度人员制定并实施管内高铁站（车）滞留旅客疏导方案，及时处置高铁站（车）发生的与客服相关的突发事件。

（7）负责管内救援动车组列车的调用。需要跨局调动救援列车或动车组时，向国铁集团调度部门申请。

（8）掌握高铁重点任务运输情况，指导列车调度员做好列车运行组织和调整工作。遇有突发情况，立即向国铁集团报告。

（9）组织实施应急指挥中心确定的救援和处置方案；协调相关单位实施救援、抢险。

（10）根据文件、电报、有关单位申请，审核管辖范围内动车组试验运行、回送计划和路用列车计划。

（11）负责高铁安全信息的收集、通报和高铁列车正点统计分析上报工作。

3）集团公司 TDCS^①调度台列车调度员主要岗位职责

（1）根据列车运行图按规定铺画及下达阶段计划，根据实际情况正确、及时编制列车运行调整计划，准确地向编组站、区段站、技术站下达列车到达计划，布置中间站列车会让计划及作业计划；及时铺画和下达三四小时阶段计划，实时布置工作重点及安全注意事项，按阶段收取车站现在车，预计和推定车站下一阶段现车情况。

（2）按规定向管辖范围内有关站、段、所发布日（班）计划，正确及时地发布与行车指挥有关的调度命令和口头指示，调度命令发布必须严格按《铁路运输调度规则》（以下简称《调规》）要求，严禁简化调度命令发布程序。

（3）值班中要集中精力，坚守岗位。遇突发事件时，必须按照国铁集团、集团公司及调度所相关规章制度正确处置，严禁臆测行车。当得到现场有关危及行车安全的信息报告时，应及时指示有关人员立即拦停列车，查明情况，妥善处理。

（4）重点掌握管辖区段内专特运、军事、超限及其他重点情况，及时了解在途/在站及旅客、列车运行情况。遇列车晚点时，应积极组织有关人员尽快恢复正点。

（5）合理掌握机车乘务员出勤时间，对摘挂列车、立折列车重点组织，根据各站甩挂及调车作业情况，合理安排列车（机车）在站停留时间，防止乘务员超劳。

（6）根据月度运输方案和施工维修日计划，负责受理管辖区段内所有行车设备施工检修作业的申请，发布准许施工、检修开始及结束的调度命令。

（7）正确、及时、清楚、完整地填写各类调度图表，正确运用计算机设备及列车调度指挥系统。

4）集团公司 CTC^②调度台列车调度员岗位职责

（1）认真执行各项规章、文件、电报和安全管理制度。

（2）接收调度日计划，负责本调度区段行车指挥工作，编制和下达列车运行计划，组织

---

① TDCS 为铁路列车调度指挥系统（train dispatching command system）。

② CTC 为调度集中系统（centralized trafic control systetm）。

并监控列车运行；根据需要调整列车运行计划和到发线使用；监控 CTC 行调终端、调监、自然灾害及异物侵限监测系统、综合视频监控系统等设备的运行状态。

（3）掌握管辖范围内站、段、所及列车的技术设备和作业过程；掌握重点列车运行信息，正确、及时地发布与行车指挥有关的调度命令、行车凭证和口头指示。

（4）负责与相邻台交换列车运行计划，按《调规》要求做好运行图标注。

（5）在中心操作方式或车站调车操作方式下，遇需人工排列进路、操纵信号及道岔时，负责向助理调度员下达准备进路、开放（关闭）信号、单操道岔命令，并确认正确。

（6）在车站操作方式或非常站控下，负责向车站值班员下达列车运行调整计划（包括车次、股道、方向、到开时刻），收取列车到发时刻（能通过计算机报点的除外）。

（7）遇需设置列控限速、使用自由画线功能铺画列车运行线、人工排列进路等情况时，按规定与助理调度员相互确认。

（8）负责受理车站施工维修申请，加强与现场及施工调度、供电调度等有关人员的联系，及时组织、实施施工维修作业；负责调度中心设备施工维修、应急处置时的登销记签认工作。

（9）负责掌握本区段救援列车、热备动车组（机车）、自轮运转特种设备的分布情况，遇发生铁路交通事故、自然灾害、设备故障及异物侵限监测系统报警及现场作业人员报告异常信息等情况时，正确、及时处置，通报信息，及时发布救援列车出动及运行等相关调度命令。

5）集团公司 CTC 调度台助理调度岗位职责

（1）接受列车调度员（列车调度岗位）的领导，并认真执行各项规章、文件、命令和安全管理制度。

（2）掌握管辖范围内站、所、段及列车的技术设备和作业过程，监视列车的运行情况和有关安全监控设备的工作情况，监控 CTC 助调终端、调监、自然灾害及异物侵限监测系统、综合视频监控系统等设备的运行状态，按规定操作相关设备，处置各类报警信息。

（3）负责操作 CTC 助调终端，根据实际情况对分散自律控制模式下（车站操作除外）的有关车站，设置区间（股道、道岔）等对象加封加锁、接触网有（无）电状态等操作。

（4）在中心操作方式下，在设备状态和作业实际具备条件时，CTC 担任调车领导人，及时编制调车作业计划，向调车指挥人和司机下达调车作业计划，并负责办理调车进路和执行调车联控。

（5）在中心操作方式或车站调车操作方式下，遇需人工排列进路、操纵信号及道岔时，CTC 根据列车调度员的布置，按要求准备进路、开放（关闭）信号、单操道岔，并与列车调度员执行"二人确认制度"。

（6）遇需设置列控限速、使用自由画线功能铺画列车运行线、人工排列进路等情况时，按规定与列车调度员执行"二人确认制度"。

（7）按照列车调度员的指示，遇 CTC 调度台施工维修、应急处置时及时拟写各类调度命令，负责使用及保管 CTC 调度台相关簿册，负责受理 CTC 调度台调度中心设备施工维修申请，办理 CTC 调度台调度中心设备施工维修、应急处置、控制模式转换等登销记工作。

（8）遇发生铁路交通事故、自然灾害、设备故障及异物侵限监测系统报警，以及现场作业人员报告异常信息等情况时，协助列车调度员做好现场联系、信息通报等工作，并按规定填报安监报 – 1[①]。

任务 1.2　铁路运输调度指挥网络认知

工作任务

通过了解铁路运输调度指挥网络相关知识，为学生日后学习铁路调度指挥和铁路调度集中系统打下基础，并建立对铁路运输工作的宏观认识。

知识链接

1. TDCS、CTC 组网基本原则

（1）TDCS、CTC 是重要的行车设备，应自成体系、单独组网。

（2）TDCS、CTC 的组网设计，应遵照统一规划、统一标准、合理布局的原则。

（3）TDCS、CTC 广域网的组网设计，应采用开放式的网络体系结构，采用 TCP/IP 技术组网。

（4）TDCS、CTC 广域网的组网设计，还应符合国家和国铁集团规定的信息安全、保密标准及其他强制性标准；IP 地址和域名由国铁集团统一规划，各集团公司负责管内 IP 地址和域名的管理和分配。

2. TDCS、CTC 广域网的网络结构

TDCS、CTC 广域网网络由国铁集团、集团公司/客专调度所和车站组成。TDCS、CTC 广域网分为两层：骨干层和接入层。国铁集团调度中心节点和各个集团公司/客专调度所节点共同构成骨干层，车站节点（含场、段）构成接入层。骨干层网络为 TDCS、CTC 共用，接入层网络的 TDCS 区段、CTC 区段分开。其网络结构如图 1 – 3 所示。

在骨干层，国铁集团调度中心节点与各个集团公司/客专调度所节点相连，汇集各集团公司、客专调度所上报信息，并使得各集团公司/客专调度所节点之间能够进行信息交换。集团公司/客专调度所节点起到承上启下的作用，汇聚所属各车站节点（含场、段）的信息，并与国铁集团调度中心节点进行信息交换。骨干层节点路由器应双机设置。

---

① 安监报 – 1 是铁路交通事故（设备故障）概况表；安监报 – 2 是铁路交通事故处理报告表。

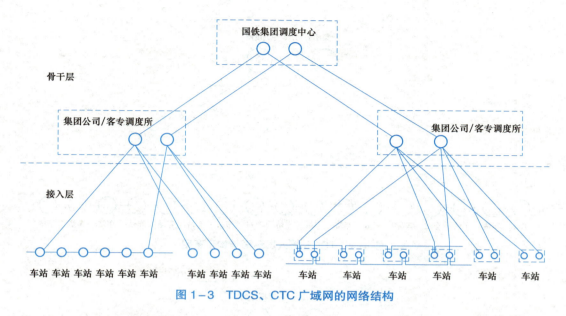

图 1-3 TDCS、CTC 广域网的网络结构

接入层主要负责信息的采集，向调度中心提供所需信息，并接收调度中心下达的命令、传递的信息等。一般情况下，TDCS 系统采用单通道单机组网，CTCS-2 区段 TDCS 系统采用双通道双机组网，CTC 采用双通道双机组网。接入层节点应设置信源点路由器。

3. TDCS、CTC 组网方案

根据调度系统既有的行政组织模式，TDCS、CTC 骨干层采用以国铁集团调度中心节点为中心的星形网络结构。集团公司/客专调度所节点间可根据实际需求建立直连通道，TDCS、CTC 骨干层通道应采用专线方式。

（1）TDCS、CTC 骨干层节点间的连接采用双专线方式组网。两条专线分别连接两套设备，选用两条物理路由，最大限度地保证骨干层不中断。

（2）TDCS 接入层采用专线方式组网，可采用环形或星形网络结构，一般情况下宜采用环形结构，特殊情况可采用星形结构。采用环形结构组网时，车站环首尾两条通道应分别连接至集团公司/客专调度所的 TDCS/CTC 中心的两台并行的路由器上。集团公司与下属车站（含场、段）可构成多个环形网络。相邻两站间采用专线通道直连，每 6～12 站引一条迂回通道与所属集团公司相连。TDCS 接入层环形结构示意图如图 1-4 所示。

采用星形结构组网时，车站（含场、段）与集团公司/客专调度所直接连接，集团公司/客专调度所与下属车站（含场、段）构成星形网络，如图 1-5 所示。

（3）CTC 接入层组网要求如下：一般情况下，宜采用环形结构。当特殊 CTC 接入层采用双专线通道时，可采用环形或星形网络结构，此时可采用星形结构，要求每条通道速率为 2 Mbit/s。

集团公司/客专调度所与下属各站、场构成多个双环网络。相邻两站间采用专线通道直连，每 6～12 站引一条迂回通道与所属集团公司相连，如图 1-6 所示。

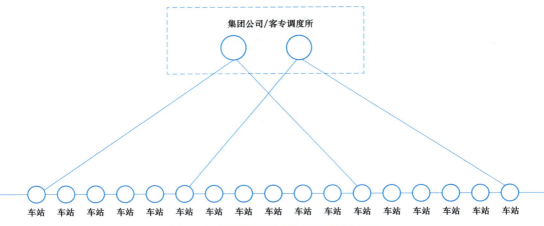

图 1-4　TDCS 接入层环形结构示意图

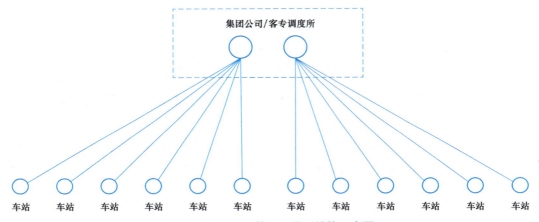

图 1-5　TDCS 接入层星形结构示意图

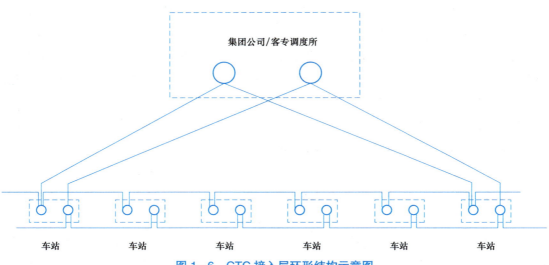

图 1-6　CTC 接入层环形结构示意图

各个站、场均与集团公司/客专调度所直接连接，集团公司/客专调度所与下属各站、场构成星形网络，如图 1-7 所示。

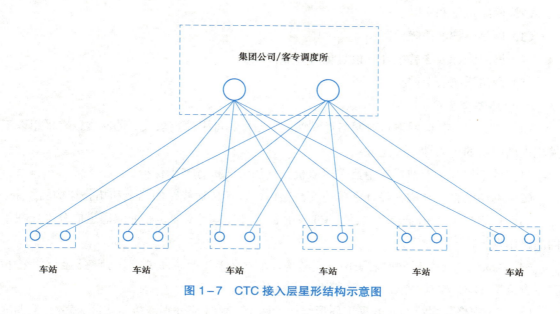

图 1-7　CTC 接入层星形结构示意图

4. 编址原则

IP 地址的合理分配是保证 TDCS、CTC 网络顺利运行和网络资源有效利用的关键。对于 TDCS、CTC 网络 IP 地址的分配，应充分考虑地址空间的合理使用，保证实现最佳的网络地址分配。

IP 地址规划应采用全路统一规划原则。由于 TDCS、CTC 网络是专网，所以应选用保留地址资源。在 TDCS、CTC 网络中采用 172.16.0.0 至 172.31.255.255 的 16 个 B 类 IP 网络地址。其中，TDCS、CTC 各节点局域网地址采用 172.16.0.0 至 172.27.255.255 的 12 个 B 类网段，TDCS、CTC 广域网采用 172.28.x.x、172.29.x.x 两个 B 类网段，172.30.x.x、172.31.x.x 两个 B 类网段预留。

根据总体 IP 地址分配原则，TDCS、CTC 网络广域网地址分配采用以下方案：TDCS、CTC 广域网地址采用 172.28.x.x、172.29.x.x 网段；点到点专线端口的 IP 地址，掩码采用 255.255.252.252，以便节省网络地址。TDCS、CTC 局域网地址分配采用以下方案：国铁集团调度中心、集团公司调度中心均分配 5 个 C 类地址，子网掩码采用 255.255.255.0，每个信源点局域网分配两个 IP 地址段（每段 32 个 IP 地址，包括子网地址及广播地址），子网掩码采用 255.255.255.254。

5. 网络管理

在国铁集团调度中心节点、集团公司/客专调度所节点设置网管工作站。国铁集团调度中心网管工作站管理骨干层网络，集团公司/客专调度所网管工作站管理管内接入层网络。

网管系统应具备以下功能：

（1）网络结构和设备配置；

（2）网络运行和实时监视；

（3）网络维护、故障诊断；

（4）网络统计（告警统计、信息量统计等）；

（5）网络系统安全防护。

6. 网络安全要求

由于 TDCS、CTC 网络是对网络可靠性、安全性、可用性要求极高的网络，宜采用以下措施提高网络的可靠性、安全性：

（1）骨干层等关键节点路由器采用双机并行的方式进行节点保护。

（2）网络的拓扑结构在设计上采用冗余路由，包括传输线路的冗余和拓扑结构的冗余。

（3）集团公司/客专调度所 TDCS/CTC 中心至国铁集团调度中心的双通道应分别接在不同的路由器上。

（4）TDCS 接入层组网时若采用环形结构，车站环首尾两条通道应分别连接至集团公司/客专调度所 TDCS/CTC 中心两台并行的路由器上。

（5）CTC 接入层组网时若采用环形结构，两个车站环应分别连接至集团公司/客专调度所 TDCS/CTC 中心两台并行的路由器上。

（6）选用高可靠性的网络硬件设备，提高设备的单机可靠性，而且对网络设备的关键部件采用冗余配置。

（7）通过获取网络中各种日志信息、MIB 信息，有目的地监控网络异常数据流，通过路由过滤、包过滤、命令屏蔽等管理策略，防止网络入侵。

（8）通过身份验证系统及口令管理，保证网络设备控制台登录和远程登录的安全。

（9）通过 IPSEC、CHAP 等技术，防止口令及用户认证信息在网络中明文传输；在网络设备中设置系统日志，产生完善的系统信息，防止通过破解口令攻击路由器等网络设备。

（10）本系统网络设备与其他系统、网络接口时，应在充分保证两系统间的物理、逻辑隔离安全性前提下连通，国铁集团调度中心和集团公司/客专调度所 TDCS/CTC 中心应设置硬件防火墙保护内部区域。

（11）本系统防雷及接地应符合《通信局（站）防雷与接地工程设计规范》（YD/T 5098—2005）的有关规定。

7. 连接方式及组网设备基本要求

通信机械室至信号机械室有 3 种连接方式，具备光缆条件的区段宜采用方式一，不具备光缆条件的区段可根据具体情况选择方式二或方式三。

（1）方式一：采用光缆芯线进行连接，连接方式如图 1-8 所示。

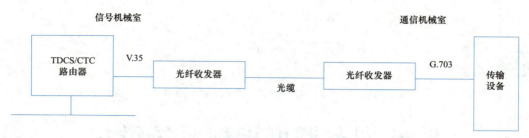

图 1−8　通信机械室至信号机械室的连接方式一

（2）方式二：采用一对 75 Ω 同轴射频缆或两对 120 Ω 高频对称电缆进行连接，连接方式如图 1−9 所示。

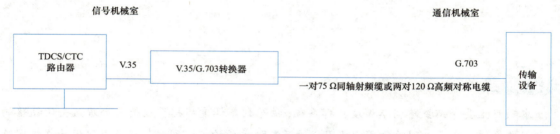

图 1−9　通信机械室至信号机械室的连接方式二

（3）方式三：采用电缆实回线（芯径 0.4～0.9 mm）进行连接，连接方式如图 1−10 所示。

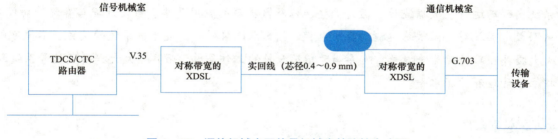

图 1−10　通信机械室至信号机械室的连接方式三

 复习题

1. 简述铁路列车调度工作的管理结构。
2. 简述普速铁路列车调度指挥机构的组成。
3. 简述高速铁路列车调度指挥机构的组成。
4. 列车调度指挥人员的职责有哪些？
5. TDCS、CTC 组网基本原则有哪些？
6. TDCS、CTC 组网方案有哪些？

项目 2

铁路列车调度指挥系统维护

项目描述

本项目主要介绍铁路列车调度指挥系统，铁路列车调度指挥系统是一个覆盖全国铁路的大型网络系统，它是由国铁集团、集团公司及车站构成的三级网络。它采用现代计算机网络技术、通信技术、多媒体技术及数据库技术，并将上述技术与铁路信号技术相互融合，把传统的以车站为单位的分散信号系统逐步改造成一个全国统一的网络信号系统，实现全国铁路系统内列车运行、数据统计、运行调整，以及数据库的数据共享、自动处理与查询等功能，从而最终实现对全国铁路运输的集中监视、指挥。铁路列车调度指挥系统的实施，不仅可以大大提高铁路运输生产效率，改善调度指挥人员的工作条件，而且还大大提高了信号系统的技术、管理和维护水平。

教学目标

（1）了解 TDCS 的网络体系结构。

（2）了解国铁集团、集团公司 TDCS 系统的组成及作用。

（3）掌握车站子系统的结构、设备组成。

（4）学会对车站子系统设备进行维护及拆装。

（5）具备简单的故障处理能力。

任务 2.1　铁路列车调度指挥系统认知

工作任务

通过理解 TDCS 系统的总体要求、组织机构与职责、技术管理、设备管理、运用管理等方面的相关知识，使学生对铁路列车调度指挥系统有一个宏观认知，为设备的维护管理打下基础。

知识链接

铁路信息化是铁路跨越式发展的重要保障。运输调度指挥是铁路信息化的重要组成部分，其中铁路列车调度指挥系统（简称 TDCS 系统）是铁路运输调度指挥的核心，是保障行车安全、提高生产效率和管理水平的重要手段，是铁路运输调度指挥现代化的重要标志。

世界发达国家的铁路广泛采用了集网络、计算机、控制技术于一体的调度集中系统，实现了列车调度指挥的自动化、智能化，为实现安全、高效的运输提供了技术保障。由于我国铁路运输繁忙、客货混跑、车站调车作业频繁，与国外有显著区别，所以我国的运输调度指挥信息化建设不能完全照搬国外模式，只能借鉴国外先进的理念，根据我国运输组织的实际需求，建立适应跨越式发展需要的 TDCS 系统。

TDCS 系统成功改变了人工绘制列车运行图、人工报点和手工填写行车日志的传统作业方式，实现了自动采集列车运行时刻、自动绘制列车实际运行图、列车车次自动跟踪、无线车次号校核、阶段计划自动调整、自动生成行车日志、站间透明、调度命令网络下达等功能。

TDCS 系统改变了运输指挥管理手段，提高了调度管理水平和运输效率，改善了调度指挥人员工作条件，实现全国铁路系统内有关列车运行、数据统计、运行调整及数据资料的数据共享、自动处理与查询。TDCS 是实时过程控制、实时信息处理、高可靠性的信息化系统，是指挥行车的重要工具。

2.1.1　铁路列车调度指挥系统总体要求

（1）TDCS 系统是实现铁路各级行车调度对列车运行实行透明指挥、实时监督调整、覆盖全路的现代化铁路列车调度指挥系统。

（2）TDCS 系统是铁路运输调度指挥的基础设施，是铁路运输生产的重要技术装备，由国铁集团、集团公司、车站三级构成：第一层为国铁集团 TDCS 系统，第二层为集团公司 TDCS 中心主用系统；第三层为车站 TDCS 系统。TDCS 系统结构如图 2－1 所示。

（3）TDCS 系统能实时自动采集列车运行及现场信号设备状态信息，并传送到国铁集团

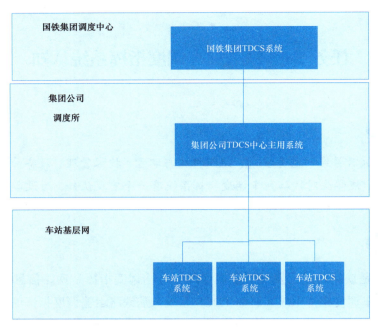

图 2-1　TDCS 系统结构

调度中心和集团公司调度所，完成列车运行实时追踪、自动报点、列车实际运行图自动绘制、阶段计划调整及下达、调度命令下达、站间透明、行车日志自动生成、车站作业流程监督及错办报警等功能，实现各级运输调度的集中管理、统一指挥和实时监督。

（4）TDCS 系统采用成熟可靠的软件和硬件平台，采用符合国际、国内和行业标准的网络体系结构，关键设备采用冗余配置，网络采用由专线电路和接入设备构成的独立双套业务专网。

（5）TDCS 系统采用统一数据通信规程，实现全路 TDCS 系统联网和互联互通。

（6）TDCS 系统与车站联锁、区间闭塞、信号集中监测、调度集中等相关信号系统及运输信息集成平台、无线通信系统等实现接口。

（7）TDCS 系统采用网络安全技术。在与其他系统交换信息时，采用安全可靠的网络隔离设备和措施，确保 TDCS 网络安全和信息安全。

（8）TDCS 系统在车站采集信号设备状态时，不得影响车站联锁和区间闭塞等相关设备的正常工作。

（9）TDCS 系统的 IP 地址由国铁集团统一规划，集团公司在管辖范围内进行合理分配和管理。

（10）在保证网络安全的基础上，TDCS 系统应符合国铁集团信息共享有关规定。

（11）TDCS 系统应设置时钟同步设备，并纳入铁路统一时钟同步系统，为计算机联锁、列控、闭塞和信号集中监测等信号地面设备提供统一的时钟信息。

2.1.2　铁路列车调度指挥系统组织机构

（1）TDCS 系统的维护管理实行国铁集团、集团公司、电务段三级管理。

（2）国铁集团 TDCS 中心是全路 TDCS 系统的业务主管部门。电工部电务试验室负责国铁集团 TDCS 中心系统的维护管理，并指导全路 TDCS 系统维护工作。

（3）集团公司电务处是集团公司 TDCS 系统的业务主管部门。

（4）集团公司 TDCS 中心机房所在地应设立 TDCS 维护机构，该机构一般设置在电务段，也可设置在集团公司。

（5）电务段是 TDCS 维护机构，应设置专业技术主管人员。

2.1.3　铁路列车调度指挥系统工作职责

（1）国铁集团电工部负责制定 TDCS 系统技术政策、技术标准及规章制度，负责全路 TDCS 系统网络的规划。

（2）国铁集团电工部电务试验室职责如下：

① 负责国铁集团 TDCS 中心系统的日常维护和管理。

② 指导和协调集团公司 TDCS 系统维护工作。

③ 审核集团公司对国铁集团及相邻局间通道变更、扩大 TDCS 标准用户和信息交互范围的申请，并报主管部门审批。

④ 负责国铁集团 TDCS 中心设备质量鉴定，提出设备质量提高计划和预算申请。

⑤ 组织协调集团公司处理 TDCS 系统故障。

（3）集团公司电务处 TDCS 维护管理工作职责如下：

① 负责 TDCS 系统技术业务管理，贯彻执行国铁集团的技术政策、技术标准和规章制度，结合集团公司实际制定 TDCS 系统维护管理实施细则。

② 负责管内 TDCS 系统安全运行、网络 IP 分配、入网管理和技术改造等相关工作，协调用户需求，定期发布 TDCS、CTC 系统运用通报。

③ 制定维护作业纪律，规范维护作业流程，监督、检查维护工作执行情况。

④ 组织制订 TDCS 系统大修、更新改造计划，并开展相关工作。

⑤ 组织或重点参加基建、更新改造和大修 TDCS 系统项目的实施及竣工验收工作。

⑥ 定期组织电务段进行 TDCS 设备运用质量检查、分析和交流工作。

⑦ 组织处理系统疑难故障，协调有关厂商、设计和相关部门共同做好系统维护工作。

⑧ 受理 TDCS 系统软、硬件变更申请，按规定组织开展软、硬件变更工作。

⑨ 检查和督促维护单位做好 TDCS 数据维护工作。

⑩ 负责部门间、相邻路局间的协调工作。

（4）TDCS 维护机构工作职责如下：

① 负责集团公司 TDCS 中心和高铁 CTC 中心机房设备及调度台终端设备的日常维护和管理。

② 受理调度台及车站通知的 TDCS 设备故障，及时组织处理，并按规定上报。与国铁

集团或相邻集团公司有关的故障及时通知有关单位共同处理。

③ 配合国铁集团和相邻集团公司对 TDCS 系统的测试、调试、数据信息核对及故障处理。

④ 对 TDCS 中心系统设备进行质量检查和年度检查，提出设备质量提高计划。

⑤ 规范中心机房管理，负责 TDCS 中心设备安全。

⑥ 负责 TDCS 中心设备数据维护。

（5）电务段 TDCS 维护管理工作职责如下：

① 负责管内 TDCS 设备维护管理，执行国铁集团和集团公司的技术政策、技术标准和规章制度，结合电务段实际制定 TDCS 维护管理规定。

② 负责编制、提报管内 TDCS 设备的更新改造、大修、中修和维修工作计划并组织实施。

③ 负责提报管内 TDCS 网络、通道需求和变更申请。

④ 组织制订 TDCS 年月表维修工作计划，指导和协调车间的 TDCS 维护生产工作。

⑤ 定期进行设备检查，组织系统设备鉴定，并提出设备质量提高计划。

⑥ 按规定组织开展 TDCS 软、硬件变更工作，做好系统试验验证工作。

⑦ 参与管内 TDCS 工程建设及竣工验收工作，组织有关厂商、设计和相关部门做好设备维护和故障处理。

⑧ 组织协调相关单位共同查找处理跨段、跨专业间的故障及其他各类疑难故障。

⑨ 配合国铁集团和集团公司对管内设备进行检查、测试及数据信息校对等工作。

2.1.4 铁路列车调度指挥系统设备管理

（1）各级维护管理单位应建立设备管理制度，采用现代化管理手段，加强设备管理，保证其正常使用。

（2）各级维护管理单位根据设备使用年限、设备现状和运输需要，编制设备大修、更新改造建议计划。

（3）TDCS 设备应定期进行 UPS 充放电试验，确保外电网断电后集团公司中心 UPS 持续供电不少于 30 min，车站 UPS 持续供电不少于 10 min。

（4）备品备件管理要求如下：

① TDCS 设备的备品备件应按使用总数的 10% 配备，中心机房关键器材应考虑备用。

② 建立备品备件管理制度和台账，明确备品型号及数量、存放地点及位置等，定期进行检查，确保其处于良好状态。

（5）TDCS 设备实行预防修和故障修的维修方式，保证设备正常运用。

（6）TDCS 系统核心服务器、磁盘阵列、核心路由器、核心交换机、车站自律机、车站综合处理机、电源、网络安全设备、数据库和系统核心软件等设备可实行委托修。

（7）返厂修的 TDCS 设备或器材修理时间不得超过 30 d，因特殊情况超过规定期限时，TDCS 系统供应商应提供相应的备品。返厂修后的设备或器材至少应保修 6 个月。

（8）仪器、仪表和工具配备及管理要求如下：

① 专用仪器、仪表和工具按标准配备，分别由维护机构、车间和工区管理。

② 应建立仪器、仪表和工具设备保管制度。

③ 仪器、仪表应按规定定期进行计量检定和校准工作。

（9）硬件维护管理要求如下：

① 硬件维护应遵照有关技术条件标准。

② 硬件设备在保修期内由系统供应商免费维修。

③ TDCS 系统有可靠的防雷设施，安装符合规范。

④ TDCS 系统使用的通信通道维护规定及标准按相关规定执行。

⑤ TDCS 设备及器材实行使用寿命管理，超过使用寿命期限的设备、器材不得继续上道使用。

（10）设备维护分界。设备维护分界指两个维护单位分管设备间的分界，包括硬件连接状态和协议连接状态。硬件设备连接按分管负责的原则明确责任主体，协议连接按数据流上层对下层负责的原则明确责任主体。

① 采用光纤通道时分界：以通信专业在信号机房内设置的光纤活动连接器为分界点，其光纤活动连接器（含）至通信机房的光缆由通信专业负责维护。通信光纤活动连接器（不含）至 TDCS 间的 ODF 架及跳纤等设备由信号专业负责维护。

② 采用 2 Mbit/s 电路时分界：以通信专业在信号机房内设置的接线端子为分界点，通信接线端子（含）至通信系统间 2 Mbit/s 跳线由通信专业负责维护。通信接线端子（不含）至 TDCS 间 ODF 及跳线等设备由信号专业负责维护。

③ 与 GSM－R 分界：GSM－R 服务器网闸及 TDCS 设备一侧由信号专业负责维护，网闸 MDF/EDF 架至通信设备引入线缆（含线缆接头）由通信专业负责维护。

④ 与运输信息集成平台分界：以 TDCS 中心机房接口服务器网络安全光纤交换机为界，网络安全光纤交换机及 TDCS 设备一侧由信号专业负责维护，引入光纤（含接头）及运输信息集成平台设备一侧由信息专业负责维护。

⑤ 与 450 Mbit/s 区段无线调度命令、无线车次号系统分工的界面：以 TDCS 机柜防雷元件为界，防雷元件及 TDCS 设备一侧由信号专业负责维护，接入线缆及通信设备一侧由通信专业负责维护。

注意：TDCS 系统与其他系统维护分工分界由集团公司根据实际情况自行制定。

2.1.5 铁路列车调度指挥系统运用管理

（1）各级维护管理单位根据每年设备鉴定和有关规定，编制年度 TDCS 维修和测试工作计划，年度维修和测试工作计划要按月均衡编制。

（2）维护机构、电务段根据秋检秋鉴安排对管内 TDCS 设备进行质量鉴定，并将鉴定结果汇总报上级主管部门。

（3）TDCS 系统设备及相关设备的施工、检修等作业，应提前申请要点，按规定办理登（销）记手续，并提前通知有关维护和使用单位协调配合。作业完成恢复使用前，应进行相关功能测试，验证良好后方可交付使用。

（4）未经电务主管部门许可，任何部门和个人不得拆卸、移动或改换 TDCS 设备，不得将 TDCS 设备挪作他用，不得利用 TDCS 设备从事无关工作，不得使用非 TDCS 软件。

（5）通信部门进行检修、测试需停用通信通道并影响 TDCS 系统使用时，由检修测试单位按规定提出要点申请，并及时通知维护机构和使用单位。

（6）TDCS 维护机构应将系统主、备用通道倒换试验纳入年度维修测试计划，每年不少于一次，由 TDCS 维护机构协调有关单位统一组织，并按规定提出要点申请。

（7）运行图数据调整以集团公司公布的运行图调整文件为依据。

（8）使用部门运用要求如下：

① 各使用部门应严格按照 TDCS 系统操作说明书规定的操作程序使用 TDCS 终端设备并保证其完整性。

② 严禁在系统中运行其他程序、擅自将系统退出、进行与工作无关的操作、修改使用中的程序和随意拆卸硬件设备。

③ 强化移动介质的卡控，严禁在 TDCS 系统各类终端使用 U 盘、移动硬盘等移动介质，防范一机多网、接入外联设备等现象。

④ TDCS 系统设备所用打印机及绘图仪的纸张、色带、硒鼓和墨盒等耗材由各使用单位按设备性能要求负责提供并更换。

（9）软件维护管理要求如下：

① TDCS 软件由系统供应商提供，并负责终身维护。

② 软件日常维护以系统供应商提供的软件维护手册为依据。

③ 软件必须妥善保管，不得擅自修改，防止出现数据或软件丢失、扩散，以及病毒侵害。

④ 各级维护管理单位应建立 TDCS 软件台账，包括软件名称、版本号、来源、字节数、日期和用途等内容。

⑤ 各种设备的软件维护，包括备份、日志文件清理、定期刷新存储等。

⑥ 系统运行环境与软件开发测试环境应分开管理，严禁在运行系统中直接进行软件调试。

⑦ 系统供应商应建立软件版本管理制度，保证提供的备份软件与现场实际使用一致。

（10）软件备份管理要求如下：

① 系统及应用软件备份不少于 3 套，由维护机构、电务段技术科和车间分别保管。

② 备份软件必须与实际使用的一致。软件修改投入实际使用后，备份软件必须按时更新，并至少保存一套更新前实际使用的原有应用软件。

③ 备份软件由系统供应商负责提供。备份的有效软件必须标明软件的使用地点、设备名称、路径、设备软件版本号和更新日期等信息。

（11）TDCS 软件变更应符合信号软件变更相关规定。

（12）数据管理。TDCS 数据管理是保证系统正常运行的基础工作。数据提供单位应对其准确性负责，系统供应商和管理单位应对其一致性负责，具体要求如下：

① 各级维护管理单位建立健全数据管理台账，系统数据发生变动时应及时做好数据资料的归档整理。

② 数据修改由系统供应商和维护单位负责。当数据修改影响上一级或相应系统使用时，应同步进行修改。

③ TDCS 数据变更应根据总工室或有关处室发布的工程数据文件进行，严格按照集团公司统一部署启用新的工程数据，需要提前准备的工作，应要点进行，不得提前启用新的数据。

④ 涉及 TDCS 改造时，各级维护管理单位应安排专人对相关数据进行验证。

⑤ 数据提供单位、电务段每年应组织对 TDCS 车站的数据资料进行一次清理核对，涉及数据发生变化时，应及时组织修改。

⑥ 当 CTC 车站站细数据修改工作不能与新站细启用同步完成时，应停用 CTC 控制功能。

⑦ 数据变更涉及国铁集团、相邻集团公司以及其他部门和专业时，至少提前 48 h 填写《TDCS 数据更新联系单》通知相关部门和单位，届时做好数据同步修改。

（13）IP 地址管理规定如下：

① TDCS 系统 IP 地址由国铁集团统一规划，集团公司在管辖范围内进行合理分配和管理，各电务处、各电务段应设专人管理。

② 增设或修改 IP 地址程序：

a）系统供应商应在工程安装、调试前 15 d，填写《IP 地址新增修改申请表》，并附带网络拓扑图向电务处申请新 IP 地址，申请包括工程名称、新增终端、站机数量、位置及 IP 地址需求。电务处审查核实后，在 5 个工作日内批复。

b）TDCS 设备开通后 1 周内，维护机构、电务段应及时将新增终端 IP 地址纳入台账。

（14）TDCS 维护机构应实行 24 h 值班制度，实时掌握系统运行情况，保证系统正常工作。

（15）维护机构、车间应配备满足检修需要的备品备件、工具（含软件）、机具、仪器仪表和交通工具。

（16）维护机构、电务段应制定设备及报警信息查看统计制度，排查系统隐患，及时解决问题。

（17）系统供应商应提供 7×24 h 技术支持服务，发生故障应及时到达 TDCS 中心或现场。

（18）集团公司间分界口维护管理要求如下：

① 当分界口数据、集团公司间通道和集团公司间通信方式等需要发生变化时，集团公司应提前联系相邻集团公司进行协商，同步调整。

② 当分界口发生故障时，相邻集团公司 TDCS 维护机构均应积极组织力量进行处理解决。

2.1.6　铁路调度指挥系统安全管理

（1）当 TDCS 系统与其他系统交换信息时，应采用安全可靠的隔离设备和措施。

（2）TDCS 系统应采用物理方式断开光驱、软驱，屏蔽 USB 接口。

（3）TDCS 系统应构建由安全管理中心支持下的计算环境安全、区域边界安全、通信网络安全构成的三重防护体系结构。

（4）TDCS 设备应实行密码管理，建立密码台账，定期修改密码并做好记录。

（5）存储介质和接入终端安全管理。

① 各种数据存储介质和调试用计算机在接入网络前必须经专用计算机查杀病毒，确认无病毒后，方可使用。维护机构、电务段应配备专用的 U 盘（或移动硬盘）用于系统有关数据、软件的拷贝，数据、软件的拷贝只能在系统维护终端上进行，拷贝前必须对专用存储介质进行杀毒。

② 维修更换带有存储介质的故障部件后，应统一收回、存放和保管。

③ 必须外送维修的存储设备，应与相关维修单位签订信息安全协议，限定维修单位不得进行故障修复以外的活动，未经允许，不得将存放在存储设备上的信息迁移、复制到其他设备。

④ 在存储设备报废之前，应销毁存储介质上所存储的信息。

⑤ TDCS 系统更换计算机主机、硬盘或重装系统后，应当先查毒，再做系统备份，并安装安全计算环境，试运行正常后，再投入联网运行。

（6）发现病毒应及时清除，同时逐级上报。处理不了时应采取断开网络措施，防止病毒在网络中传播。

（7）TDCS 设备机房应建立出入登记制度，非工作人员未经批准不得进入机房。

（8）集团公司应建立人员安全管理制度，签署岗位安全和保密协议，规范维护人员录用、选拔、离岗和培训考核制度。

（9）系统维护、故障处理或软件升级时，应及时备份 TDCS 软件和数据。

（10）TDCS 设备故障，根据是否影响 TDCS 设备运行，分别按设备障碍和设备故障统计。

（11）集团公司应建立 TDCS 系统应急管理制度，制定和完善应急预案，明确应急处置机构和职责。

（12）集团公司电务处负责日常故障处理和应急处置的协调管理工作，定期组织开展演练。

（13）集团公司应制定故障处理流程。TDCS 设备故障时，电务处、电务段应及时组织处理，并做好故障记录，记录中应包括故障时间、地点、设备名称、故障现象和原因等内容，实行闭环管理。

（14）TDCS 系统设备及相关设备故障处理应按规定办理登（销）记手续，及时组织处理，涉及 TDCS 中心设备故障应及时报告电务处负责人组织处理。恢复使用前，应进行相关功能测试，验证良好后方可交付使用。

（15）TDCS 系统远程登录的传输设备日常应处于断开状态，必须接入时需报请 TDCS 中心负责人同意并做好记录。

（16）系统供应商远程连接只能读取相关报警信息及日志记录，不得进行其他操作。远程登录所用计算机必须是专用计算机，在连入系统之前须查杀病毒。

任务 2.2　铁路列车调度指挥系统网络结构认知

工作任务

通过学习 TDCS 系统的组网原则及网络构成，使学生了解生产核心网、查询网、运维网三种网络的技术要求，对网络设备的连接及维护有简单的认知。

知识链接

2.2.1　TDCS 体系结构

TDCS 采用三层体系结构，构成全路调度指挥信息系统，实现全路调度管理自动化及现代化，如图 2-2 所示。

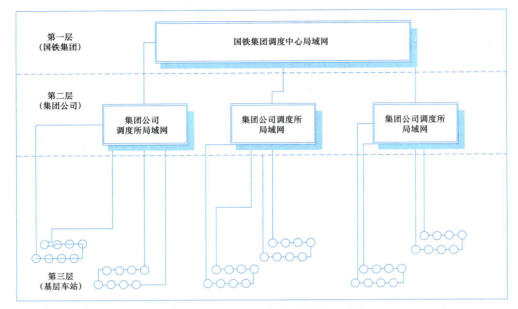

图 2-2　全路三层 TDCS 网络体系结构

1. 国铁集团调度中心

国铁集团调度中心是全路 TDCS 系统的核心，由高性能的服务器、工作站、计算机、网络设备及相应的软件构成，并通过专线与各集团公司相连，接收全国铁路系统的各种实时信息与运输数据和资料，监视各集团公司主要干线、集团公司交接口、大型客站、编组站、枢纽、车站、区间的列车宏观运行状态、运行统计数据、重点列车及车站的列车实际运行位置和站场状态显示，并建有全国铁路调度指挥系统数据库。

2. 集团公司调度所

集团公司调度所采用高性能双局域网结构，对下接收各站的实时信息与资料，监视各站、主要干线、集团公司交接口、大型客站、编组站、枢纽、车站、区间的列车宏观运行状态、运行统计数据、重点列车及车站的列车实际运行位置和站场状态显示，同时向国铁集团传送集团公司收集的各类行车表示信息及到发点信息。集团公司系统还具有接收国铁集团调度命令和向车站下发调度命令的功能。

同时，集团公司 TDCS 具有运行计划的管理、阶段计划的自动生成和下达、调度命令下达、自动生成实际运行图的功能，大大减轻了集团公司调度人员的工作强度，使集团公司调度迈上了信息化的道路。

3. 基层信息采集系统

安装在各车站，采用单局域网结构，用来从信号设备及其他设备上采集有关列车运行位置、列车车次号、信号设备状态等相关数据，接收集团公司送来的各类信息，并将基层采集信息通过专用通信线路传送到集团公司。TDCS 在车站安装了车站值班员台，系统具有人工修改车次号、人工和自动报点、调度命令和阶段计划的签收、现存车上报以及车站运统二/

三自动生成和打印等功能，使车站值班员具有了现代化调度的手段。

2.2.2 TDCS 网络构成与组网原则

1. 组网原则

（1）TDCS、高铁 CTC 应分别组网，独立运行，通过各层的系统接口完成信息交互。

（2）国铁集团和集团公司的 TDCS 局域网应预留发展容量，可以通过设备升级接入新建（普速）线路。

（3）TDCS 通道应使用通信传输网。

2. 网络构成

TDCS 网络包括生产核心网、查询网、运维网。其中生产核心网是国铁集团调度中心、集团公司调度所、车站之间的互连网络；查询网是连接各查询终端的网络；运维网是连接各维护终端的网络；应急备用系统是在主用系统出现故障时暂代其运行的系统，结构与主用系统相同，下面不展开介绍。TDCS 网络构成简图如图 2−3 所示。

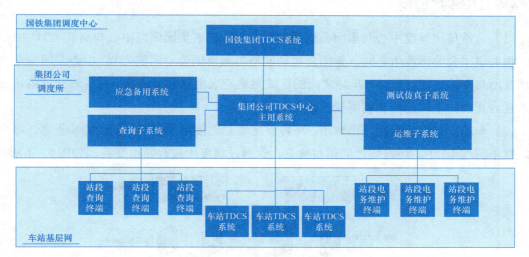

图 2−3 TDCS 网络构成简图

（1）TDCS 生产核心网具体包括国铁集团调度中心局域网、集团公司调度所局域网、车站局域网及广域网。其中，广域网由国铁集团调度中心与集团公司调度所之间的广域网、国铁集团调度中心与高铁 CTC 中心之间的广域网、相邻集团公司调度所之间的广域网、集团公司调度所与本集团公司高铁 CTC 中心之间的广域网、调度所与车站之间的广域网以及车站与车站之间的广域网构成。

（2）TDCS 查询网由调度所查询中心局域网、查询中心至各站段查询终端之间的局域网或者广域网组成。

（3）TDCS 运维网由运维中心局域网、运维中心至各站段电务维护终端之间的广域网、运维中心至车站之间的广域网组成。

2.2.3 TDCS 生产核心网

（1）国铁集团调度中心局域网由核心交换机、楼层交换机、列头交换机、核心路由器等网络设备组成，应采用冗余双网结构。国铁集团调度中心局域网的计算机设备均配置双网卡，分别通过独立网线连接，网络设备之间应通过独立光纤或网线连接。国铁集团调度中心局域网内的交换机均应支持三层交换功能。

（2）集团公司调度所局域网由核心交换机、楼层交换机、列头交换机、基层网接入交换机、基层网接入路由器、集团公司间互连路由器等网络设备组成，应采用冗余双网结构。集团公司调度所局域网的计算机设备均配置双网卡，分别通过独立网线连接，网络设备之间应通过独立光纤或网线连接。集团公司调度所局域网内的交换机均应支持三层交换功能。

（3）车站局域网由车站交换机和车站路由器组成，应采用冗余双网结构。车站局域网的计算机设备均配置双网卡，分别通过独立网线连接。

2.2.4 TDCS 广域网

（1）国铁集团调度中心与集团公司调度所之间、国铁集团调度中心与高铁 CTC 中心之间、相邻集团公司调度所之间、集团公司调度所与本集团公司高铁 CTC 中心之间、集团公司调度所与车站之间、车站与车站之间的广域网均应采用双通道连接，并且双通道应该分别接入互为冗余的不同的两套网络设备。

（2）车站广域网应采用环形通道，环内首尾端站连接至调度所不同的路由设备，每个环车站数不超过 10 个。环与环之间相对独立，仅通过调度所进行路由交换，如图 2–4 所示。

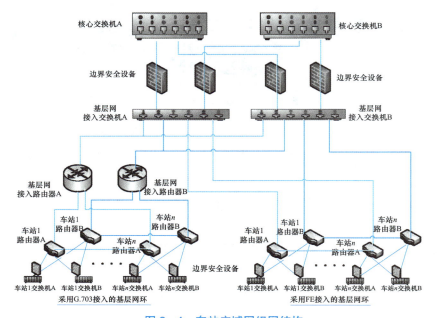

图 2–4　车站广域网组网结构

（3）广域网通道可采用不同传输设备的 FE（光口）或 2 Mbit/s 传输通道。

（4）广域网通道接入方式可采用以太网（FE）或 E1/G.703 两种接入方式；当采用 FE 方式时，车站配置三层交换机或配置光接口以太模块的路由器，调度所配置具备光接口的基层网接入交换机；当采用 G.703 方式时，车站路由器配置 G.703 模块，调度所配置具备 G.703 模块的基层网接入路由器。

（5）通信机房至信号机房应采用光纤通道和光接口设备连接。

2.2.5　TDCS 查询网

（1）查询子系统应在调度所设置独立的查询中心局域网，设置双套交换机，同时设置汇聚路由器和位于各站段的接入路由器。

（2）查询中心局域网和各站段之间通过专用传输通道连接。

（3）段（站）应设置一台小型交换机，用于就近连接同一段（站）内的多个查询终端。

（4）TDCS 查询网与生产核心网之间不应有 TCP/IP 网络协议连通。

2.2.6　TDCS 运维网

（1）运维子系统应在调度所设置独立的运维汇聚路由器和位于各级维护单位的运维接入路由器。

（2）调度所运维子系统和各级运维单位之间通过专用运维通道连接。

（3）运维子系统通过边界安全设备和 TDCS 生产核心网连接。

（4）在具备条件时，车站基层网环首尾车站应设置专用运维通道连接至运维汇聚路由器。

（5）运维通道应是不低于 2 Mbit/s 的专用数字通道。

任务 2.3　国铁集团 TDCS 系统认知

> **工作任务**

通过理解国铁集团 TDCS 系统的网络结构和设备组成，总结国铁集团 TDCS 系统的功能，使学生对国铁集团 TDCS 系统及其与集团公司 TDCS 系统之间的关系有一个基本认知，便于整体理解调度指挥系统。

▶ 知识链接

2.3.1 国铁集团 TDCS 系统的网络结构

国铁集团 TDCS 系统以国铁集团的调度中心大楼为主体，构成一个国铁集团调度中心 TDCS 局域网；通过 2 Mbit/s 专线、路由器与 18 个集团公司调度所 TDCS 系统构成广域网，完成相互信息交换，建立全路专业技术资料库等，获取各集团公司分界口、重要铁路枢纽、主要干线等的运输状况和调度监督等实时信息，实现调度指挥工作的现代化管理模式。

1. 局域网

国铁集团调度中心 TDCS 网络由主干网和楼层接入网构成。主干网是国铁集团 TDCS 网络系统的核心，用来连接小型机、高性能服务器、路由器设备和楼层接入网交换机、工作站等设备。为使主干网具有支持实时传输、多媒体等高性能，国铁集团 TDCS 系统采用成熟的 1 000 Mbit/s 以太网技术，传输介质采用光纤，它为各楼层客户及服务器之间提供高速的信息交换通道。各楼层用户网采用高效率的 100 Mbit/s 以太网，满足各种工作站等设备的带宽需求。

2. 广域网

国铁集团调度中心使用路由器通过 2 Mbit/s 专线通道方式与 18 个集团公司以调度指挥中心进行信息交换，遵照《铁路列车调度指挥系统（TDCS）数据通信规程（V2.0）》以 TCP/IP 协议进行信息共享和通信。在国铁集团调度中心设有两套路由器设备，为了节省投资，合理地利用了原有的路由器设备。国铁集团对每个集团公司连接两条 2 Mbit/s 专线通道，两条通道能均衡信息流量并互为主备，保证远程通信的可靠性。根据今后 TDCS 的发展需要，国铁集团对集团公司还可适当增加 2 Mbit/s 专线通道的数量。

2.3.2 国铁集团 TDCS 系统的网络设备

国铁集团 TDCS 系统的网络设备包括：

（1）数据库服务器、应用服务器、通信前置服务器、复示终端查询服务器、运维服务器、对外信息提供服务器、接口服务器等服务器设备。

（2）调度员工作站、值班主任工作站、计划员工作站、调度维护工作站等用户终端设备。

（3）行调台、客调台、货调台等行车指挥设备。

（4）GPS 时钟系统、电源系统及网络通信、网络安全、通信质量监督、防雷、机房综合监控等配套设备。

（5）根据需要设置的大屏幕投影系统和绘图仪设备。

1. 服务器

（1）数据库服务器用于存储各种数据信息。数据库服务器应采用小型机服务器并配置为双机并行工作方式，正常情况时两台主机同时提供数据库服务，以此来均衡负载，当其中一台出现故障时，由另一台继续提供服务，以保证系统的连续运行。

（2）应用服务器用于国铁集团调度中心的信息逻辑处理、统计分析、信息交换、缓存及存储。应用服务器应采用小型机服务器并配置为双机热备方式。

（3）通信前置服务器用于国铁集团 TDCS 中心系统和集团公司 TDCS 中心系统之间的信息交换。通信前置服务器应采用 PC 服务器并配置为双机热备方式。

通信前置服务器用于转发终端发出的请求，出于安全考虑，外网不能直接访问应用服务器，需由通信前置机将请求转发给应用服务器进行处理。此外，通信前置机还要进行安全接入认证、通信日志记录、终端上下线记录，对流量异常的终端进行报警服务并进行流量控制。

（4）复示终端查询服务器负责向所有复示查询终端提供行车表示信息、计划信息、施工计划信息等。复示终端查询服务器应采用小型机服务器并配置为双机热备方式。

（5）运维服务器用于系统运行情况的监督、分析、存储与报警。运维服务器应采用 PC 服务器并配置为双机热备方式。

（6）对外信息提供服务器负责对外信息交换的数据存储和通信中间件管理。对外信息提供服务器应采用双机热备方式的小型机服务器，并配置共享磁盘阵列。

（7）接口服务器用于与运输信息集成平台等外部系统的信息交互，配置为双机热备方式。

2. 工作站

工作站由国铁集团调度人员、各级管理人员及维护人员使用。调度人员使用工作站进行日常调度工作；各级管理人员使用工作站行使审批和监督检查的管理职能；维护人员使用工作站实时维护系统。

工作站能提供图形界面，它通过网络访问数据库服务器、应用服务器和通信前置服务器所提供的数据库服务和应用服务。

每台工作站配有两块以太网卡，连接两套局域网实现主备工作，确保工作站对服务器的网络访问不会发生中断。

3. 行车指挥设备

行车指挥设备包括行调台、客调台、行包台、值班处长台、领导终端、调度处长台、生产处长台，此外还有机调台、辆调台、军调台、货调台、车流台等。其中行调台、客调台、货调台、行包台、首长台、仿真培训台等配置双屏工作站。其他专业调度台配置单屏工作站，各台显示器采用不小于 21 英寸的液晶显示器。

4. GPS 时钟系统

GPS 时钟系统利用全球卫星定位 GPS 卫星的标准 UTC 时间，可在全球得到同步的准确时间信号。系统采用 Motorola 的 12 通道授时 GPS OEM 接收机，经信号处理、格式转换等，为用户提供不同标准的时钟信号和同步脉冲。同时，时钟系统内部设置恒温晶体，保证在卫星接收系统出现故障的情况下，仍能提供精确度较高的时钟信息，有效地解决了地理区域跨度给用户带来的时钟同步问题及传统时钟的校准困难，以及对闰年、闰秒等特殊时间的处理问题。

5. 大屏幕投影系统

大屏投影系统由投影仪、投影屏幕、多屏控制器、控制台、配套的音响系统和录放设备等组成。大屏幕投影系统能集多种信息于一体，提供高清晰度、大画面的宏观显示。大屏幕不仅能宏观地显示调度工作站的显示内容，而且能将活动图像通过网络接口的方式以大画面显示出来，为调度人员及有关负责人提供图形、图像、文字等多种方式的信息。借助于大屏幕投影墙控制系统，操作控制人员能对大屏幕进行控制显示操作。操作控制人员还能将大屏幕授权给某些工作站用户使用，使他们能将各自屏幕上的显示内容送至大屏幕上显示，以供调度大厅的现场人员观看。

6. 电源系统

电源系统设有两路电源自动切换功能的电源屏、配电盘、大容量长延时在线式UPS。

7. 其他设备

除前面涉及的局域网、广域网、服务器、工作站及大屏幕投影系统外，国铁集团调度中心还设置有彩色喷墨绘图仪、激光打印机、数字化仪和图像扫描仪等。

2.3.3 国铁集团TDCS系统的主要功能

1. 站场信息管理功能

国铁集团TDCS系统应具备显示各集团公司车站信号设备状态、列车运行状态、线路布局、临时限速命令执行状态等其他监视信息功能，并提供60 d监视信息的历史回放。

（1）信号设备状态应包括以下内容：进站、出站、区间通过、调车等信号机显示，道岔位置及状态，轨道电路的空闲、锁闭、占用，接近、离去区段的空闲及占用。

（2）列车运行状态应包括以下内容：列车运行位置、列车车次、列车牵引类型、列车运行方向、列车运行早晚点、列车停稳状态、牵引的机车类型和机车号、司机姓名和工号。

（3）线路布局应包括以下内容：车站中心里程、进站信号机里程、车站高低站台、分相中心里程标、RBC切换点。

（4）其他监视信息应包括以下内容：电力区段接触网供电状态、区间封锁、股道封锁、分路不良区段。

2. CTCS－2和CTCS－3相关功能

（1）在CTCS－2区段，系统应具备显示闭塞分区低频信息、进出站信号机室外点灯和灭灯状态功能。

（2）在CTCS－3区段，除具备CTCS－2区段显示内容外，系统还应具备显示列车移动授权 MA、列车移动授权终点公里标信息、控制模式（车载设备工作模式）、列车速度信息功能。

3. 列车计划管理功能

（1）系统应具备查询和显示指定调度区段日班计划、基本图、调整计划及实际图功能。

（2）系统应具备以运行图或车次时刻表两种方式显示列车计划功能，所有图形及表格均可打印。

（3）系统应具备浏览查询列车的办理客运、列车甩挂作业等列车营业信息功能。

（4）系统应具备浏览查询列车超限情况及军特运等重点信息功能。

（5）系统应具备分界口运行图、重点车站航空线等运行图管理功能。

（6）系统应具备查询显示指定调度区段施工计划及施工揭示命令功能。

（7）系统应具备通过 GIS 以图形、文字等方式显示列车运行宏观信息功能，并具备重点列车追踪、事故列车显示、救援列车显示、事故附近在途列车显示、车次重复监督报警功能。

4. 分界口指标实时统计及预报警功能

（1）分界口过车列数（客车数、货车数、行包数）统计功能；

（2）分界口过车辆数（重车数、空车数）统计及预报警功能；

（3）系统应具备跨局旅客列车正晚点情况统计及晚点预报警功能。

5. 干线及高速铁路指标实时统计功能

（1）干线及高速铁路列车运行正点率统计功能，并根据正点率情况以不同颜色在 GIS 地图上进行展示。

（2）干线及高速铁路列车运行密度统计功能，并根据密度情况以不同颜色在 GIS 地图上进行展示。

6. 其他功能

（1）系统应具备救援列车开行报警、重点列车追踪功能。

（2）系统应具备重要车站、分界口以及枢纽站信息显示功能，并提供 60 d 监视信息的历史回放。

（3）系统应具备在 GIS 地图上显示列车图定路径及实际路径功能。

（4）系统宜具备按车次或调度区段统计列车旅行速度及技术速度功能。

（5）系统应具备集团公司调度所调度命令查询功能，可具备国铁集团调度命令编辑、下达及查询功能。

（6）系统应具备列车小编组、站存车信息查询功能，在具备条件时系统可显示列车编组、载客等附加信息。

（7）系统可具有相关技术资料查询功能，可加载各种标准格式的文字或图片资料，并提供技术资料的更新导入、显示及打印功能。

（8）系统应提供系统维护、网络管理、仿真培训功能。

（9）系统宜具备帮助功能，以图像和文字方式直观地显示系统使用和维护方法等。

任务 2.4　集团公司 TDCS 系统认知

▶ 工作任务

通过理解集团公司 TDCS 系统的网络构成、设备组成及功能，使学生学会设备的构成，了解其功能。

▶ 知识链接

2.4.1　集团公司 TDCS 系统的网络结构

集团公司 TDCS 系统采用双网结构，系统重要设备如服务器、交换机和路由器等的软硬件均为双套冗余。

该系统主要由中心机房设备、调度所设备和远程工作站设备三大部分组成，集团公司 TDCS 系统通过主、备路由器，经主、备 2 Mbit/s 通道与所管辖的车站基层网、相邻集团公司 TDCS 系统以及国铁集团 TDCS 系统连接，互相交换信息。集团公司 TDCS 系统各功能台通过交换机与路由器相连，构成主备星形连接局域网，实现信息交换与共享。

2.4.2　集团公司 TDCS 系统的网络设备

集团公司 TDCS 中心是调度指挥业务处理核心，包括集团公司 TDCS 中心主用系统以及查询子系统、运维子系统、仿真测试子系统、备用设备和中心应急备用系统等配套系统。集团公司 TDCS 中心主用系统实现调度指挥核心功能；查询子系统为其他生产岗位提供信息查询服务；仿真测试子系统提供软件、数据测试验证及培训平台；运维子系统提供设备管理和维护功能；应急备用系统提供在 TDCS 中心主用系统故障情况下的备用功能。图 2−5 为集团公司 TDCS 中心主用系统结构图。

TDCS 中心主用系统设备包括：

（1）数据库服务器、应用服务器、通信前置服务器、接口服务器、对外信息提供服务器、对外时钟服务器等服务器设备。

（2）列车调度台工作站、值班主任工作站、计划调度员工作站、调度维护工作站等用户终端设备。

（3）授时设备、网络通信设备、网络安全设备、通信质量监督设备。

（4）电源、防雷、环境监控设备等配套设备。

（5）根据需要设置的大屏幕投影系统和绘图仪设备。

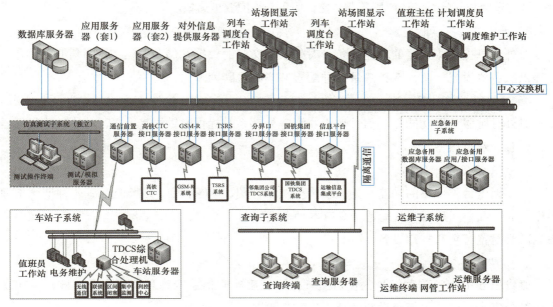

图 2-5　集团公司 TDCS 中心主用系统结构图

1. 数据库服务器

数据库服务器的功能是 TDCS 各种运行数据的可靠集中存储。一个调度所设置一套主用数据库服务器，处理能力和存储能力预留全局容量；数据库服务器均应采用企业级高性能设备，双机并行工作，并且应配置双套冗余磁盘阵列和数据备份设备。

2. 应用服务器

应用服务器的功能是 TDCS 业务逻辑处理和信息分发。应用服务器应按照业务、区域范围分开设置，满足故障隔离原则。调度所应分别设置实时数据处理服务器、运行图和调度命令处理服务器、综合信息处理服务器三类应用服务器。设备数量应按照集团公司的调度台和车站数量确定，一套应用服务器原则上处理范围不超过三个调度台。每套应用服务器均应双机热备。

3. 通信前置服务器

通信前置服务器的功能是实现调度所与车站基层网之间的数据交换。通信前置服务器应按不同线别或区域分别设置，并且每套通信前置服务器处理车站原则上不超过 64 个；每套通信服务器均应双机热备。

4. 接口服务器

接口服务器的功能是实现 TDCS 与外部系统的信息共享和数据交换。接口服务器按照不同的接口对象分别设置；一个调度所应设置一套与高铁 CTC 接口服务器、一套与 TSRS 接口服务器、一套与信息平台接口服务器、一套与 GSM-R 接口服务器、一套与投影系统接口服务器、一套国铁集团接口服务器，按相邻集团公司分别设置对应的分界口接口服务器，按需要和有关规定设置与其他系统接口服务器。接口服务器均应双机热备。

5. 对外信息提供服务器

对外信息提供服务器的功能是负责对外信息交换的数据存储和通信中间件管理。对外信息提供服务器设置一套，双机热备，并配置共享磁盘阵列。

6. 对外时钟服务器

对外时钟服务器功能是向信号集中监测等外部系统提供时钟同步服务。对外时钟服务器设置一套，双机热备。

7. 列车调度台工作站

列车调度台工作站的功能是为调度员提供运行图、调度命令、站场监视等各种调度指挥操作界面。每个列车调度台配置一套双屏列车调度员工作站、一套多屏站场显示工作站，并按照需要配置音箱和打印设备。

8. 值班主任工作站

值班主任工作站的功能是为值班主任提供调度实时信息查询和调度命令审核、发布功能。每个值班（副）主任台设置一套工作站。

9. 计划调度员工作站

计划调度员工作站的功能是为计划调度员提供调度实时信息查询功能。每个计划调度台设置一套。

10. 调度维护工作站

调度维护工作站的功能是辅助运输管理人员完成 TDCS 所需运输数据的输入、修改和日常维护。调度维护工作站设置一套，并按照需要配置音箱和打印设备。

11. 授时设备

授时设备的功能是为整个系统提供准确时间。授时设备应双套设置，具备 GPS/北斗双模授时，内置高精度原子钟。

12. 网络通信设备

调度所应配置网络通信设备，满足 TDCS 组网相关要求。

13. 网络安全设备

调度所应配置网络安全设备，满足 TDCS 信息安全相关要求。

14. 通信质量监督设备

调度所应配置通信质量监督设备。

15. 电源、防雷、环境监控设备

调度所应配置电源、防雷、环境监控设备，满足 TDCS 对机房环境的要求。

2.4.3　集团公司 TDCS 系统的主要功能

1. 站场信息管理功能

集团公司 TDCS 中心主用系统应具备显示管辖范围内车站信号设备状态、列车运行状态、线路布局、临时限速命令执行状态等其他监视信息功能，并提供 60 d 监视信息的历史回放。

（1）信号设备状态应包括以下内容：进站、出站、区间通过、调车等信号机显示，道岔位置及状态，轨道电路的空闲、锁闭、占用，接近、离去区段的空闲及占用。

（2）列车运行状态应包括以下内容：列车运行位置、列车车次、列车牵引类型、列车运行方向、列车运行早晚点、列车停稳状态、牵引的机车类型和机车号、司机姓名和工号。

（3）线路布局应包括以下内容：车站中心里程、进站信号机里程、车站高低站台、分相里程标、RBC 切换点。

（4）其他监视信息应包括以下内容：电力区段接触网供电状态、区间封锁、股道封锁、轨道区段使用限制、分路不良区段。

2. 列车计划管理功能

（1）系统应具备从列车数据管理系统（train data management system，TDMS）接收基本图功能，并以运行图或车次时刻表方式显示。

（2）系统应具备从 TDMS 接收日班计划和阶段调整计划功能，并以运行图或车次时刻表方式显示，同时可查询历史接收情况。

（3）系统具备以调度命令方式接收 TDMS 下达的日班计划功能。

（4）系统应具备以基本图或日班计划为依据，生成列车运行调整计划功能。

（5）调度员可根据实际运行情况调整运行计划，系统实时进行合理性检测，经调度员调整确认后可下达到管辖范围内有关站段，并可查询历史下达情况。

（6）调整列车运行计划应遵循单一指挥、按图行车、确保重点等原则，应为调度员压缩停站时间、调整列车区间运行时分、变更越行站和会让站等提供操作方式。

3. 车次追踪和自动采点功能

（1）系统应具备列车车次号人工输入、自动校核及人工校正等功能。列车车次号以列车自动追踪为主，辅以列车运行调整计划和无线车次号校核信息。当不一致时，由调度员或车站值班员进行人工校正。

（2）系统应在列车车次号自动追踪的基础上，实现自动采点功能。对于列车到达，可采用列车完整进入股道时刻适当延后作为到达点；对于列车出发，可采用列车压过出站信号机时刻适当提前作为出发点；对于列车通过，可采用列车压入股道和列车压过出站信号机时刻的中间值作为通过点。

（3）TDCS 从 450 MHz 无线通信系统或 GSM – R 系统实时接收无线车次号信息（车次

号、机车号、公里标等），并将接收到的信息与系统中的列车车次号、位置信息进行核对。若不一致则产生报警，由调度员或车站值班员进行人工校正。

4. 列车实际运行图管理功能

（1）系统应具备通过自动采点实现列车运行实绩的自动记录，自动生成列车实际运行图功能。遇设备故障、施工等特殊情况无法自动采点时，按照相关规定由人工报点。

（2）集团公司间分界口车站报点信息应采用共享机制，即由分界口车站所属集团公司采点后向邻集团公司传递。各集团公司应规范车次号的使用，保证车次号的一致性。

（3）系统应按照相关规定严格限制列车运行实绩的人工修改。

5. 调度命令管理功能

（1）调度命令格式遵从国铁集团和集团公司相关规范，系统应具备调度命令模板维护及通过模板生成调度命令功能。

（2）系统应提供自由编辑和格式化输入两种模式进行调度命令的输入，两种模式可以进行切换。格式化输入模式下调度员必须严格按模板要求输入车站、车次、线路、里程、时间等命令内容。

（3）系统应具备根据有关规定进行调度命令号码管理功能。

（4）系统应具备接收 TDMS 施工计划功能，并可将施工调度命令转存，供调度员编辑下达。

（5）调度员能通过有线或无线手段，向管辖区段的各受令单位以及在辖区内运行的列车进行调度命令下达。

（6）受令方接收到调度命令后，系统提示用户接收调度命令并给出自动回执，用户签收后，给出手动回执。调度台应显示调度命令的接收情况。

6. 其他功能

（1）系统应具备管辖范围内接触网供电状态人工标记功能。

（2）系统应具备列车占用丢失报警功能。系统检测到区间运行列车占用红光带丢失，并且在指定时间内，本列车未占用前方相邻区段时，应在相关调度台和车站的终端上产生列车占用丢失报警。

（3）系统应具备列车紧跟踪报警功能。当系统检测到区间运行列车前方相邻区段占用且在指定时间内未出清时，应在相关调度台和车站的终端上产生列车紧跟踪报警。

（4）系统应具备自我诊断、运行日志和重要操作记录保存、查询和打印等功能，应提供良好的网络维护和系统运行维护手段。

（5）系统应具备完善的帮助系统，以图像和文字方式直观地显示系统操作、使用和维护的步骤等。

（6）系统可具有相关技术资料查询功能，可以加载各种标准格式的文字或图片资料，并提供技术资料的更新导入、显示以及打印功能。

（7）系统应提供模拟测试和仿真培训功能。

任务 2.5　车站 TDCS 系统维护

> **工作任务**

通过理解车站 TDCS 系统的网络构成，设备的组成、功能、更换方法，使学生对车站 TDCS 设备维护、故障处理有一定的理论基础和实操技能。

> **知识链接**

2.5.1　车站 TDCS 设备

车站 TDCS 设备主要包括 3 部分：车站终端设备、网络传输设备、车站信息采集设备。车站 TDCS 设备通过一台网络集线器（Hub）构成小型局域网，通过一台小型的路由器与调度中心连接，连接方式为经协议转换器与前后相邻站连接，由 6～8 个站组成一个环状连接，再经电信通道与调度中心连接。

车站终端设备由计算机、不间断电源（UPS）、打印机、音箱等组成。车站信息采集设备由 NPC、DIB 板、切换板、电源板等组成。网络传输设备包括路由器、集线器、协议转换器。TDCS 2.0 车站设备连接示意图如图 2-6 所示，TDCS 2.0 结构示意图如图 2-7 所示。

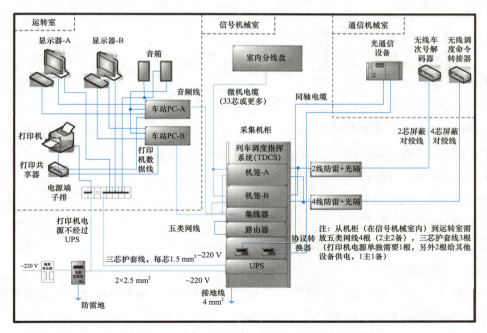

图 2-6　TDCS 2.0 车站设备连接示意图

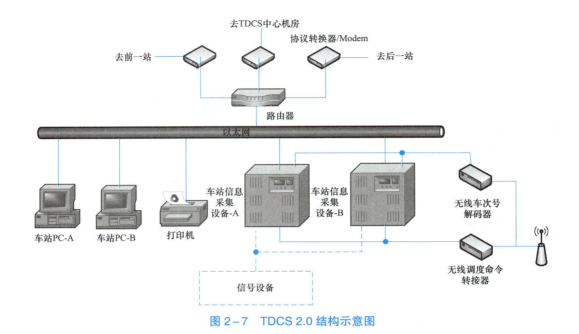

图 2-7　TDCS 2.0 结构示意图

1．车站终端设备

1）车站终端设备的功能

车站终端设备是 TDCS 系统的一个重要组成部分，采用高可靠性 PC 或工控机。其主要功能如下：

（1）车站值班员人工报点。

（2）接收调度员的列车甩挂车信息。

（3）允许车站值班员管理本机的常用词汇输入。

（4）车站值班员的用户管理。

（5）本站阶段计划的显示、打印。

（6）对调度员手工下达的阶段计划进行签收。

（7）实时显示本站采集系统的码位信息。

（8）下发班计划的显示及确认。

（9）车站运用车（站存车、现在车）信息的输入。

（10）列车速报表（列车简单编组）信息的输入。

（11）车站运统二信息的显示、输入、打印。

（12）调度命令接收、签收、存储、查询。

（13）车站无线车次号信息传递。

（14）显示与本站控制台显示的站型方向一致的本站及相邻车站、相邻区间的有关行车表示信息（站间透明）。

（15）根据配置文件设置站场显示位置、站场显示方向、站场的各种信息。

2）车站终端设备的使用

（1）车务终端软件意外退出重启。

随着计算机的启动，车务终端软件会自启动，当显示屏上显示站场信息画面及运统二画面后，表明车务终端启动成功。

车务终端软件应保证 24 h 连续运行，车站值班员不应随意将其退出。同时，严禁车站值班员在车务终端上进行与本系统无关的操作。

若用户不慎将车务终端软件退出，须按以下步骤操作：

① 同时按下 Ctrl、Alt 和 Del 三键，就会出现如图 2-8 所示对话框。

图 2-8　关机重启步骤①

② 单击"关机"按钮，在弹出的对话框中选中"重新启动"，单击"确定"按钮后等待计算机重新启动，如图 2-9 所示。

图 2-9　关机重启步骤②

（2）车务终端软件的界面。

车务终端软件包括站场显示和行车日志显示两个部分。车务终端运行时有两个界面：站场显示界面和行车日志显示界面，如图 2-10、图 2-11 所示。

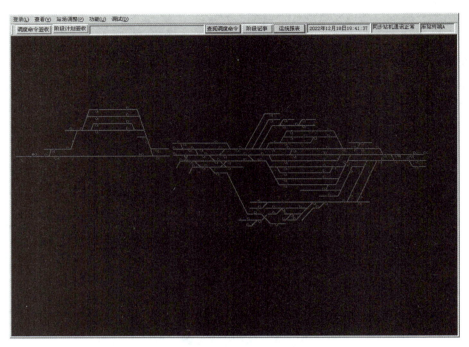

图 2-10　站场显示界面

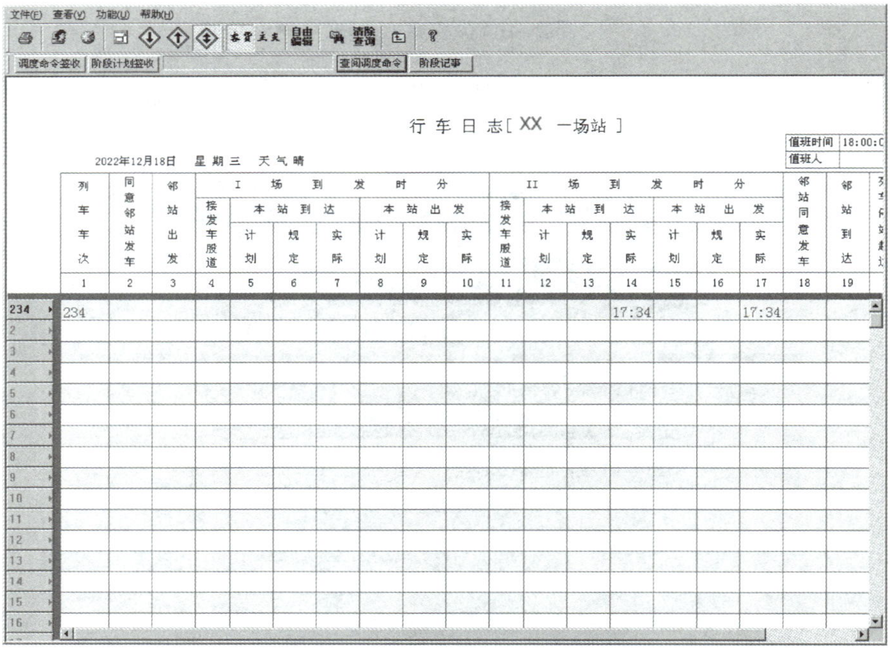

图 2-11　行车日志显示界面

2. 网络传输设备

1）路由器

路由器用于连接两个以上相同网络或使用相同协议的不同网络，同时还具有路径选择功能。多个网络互连，节点之间可选择的路径往往不止一条，路由器能自动为节点选一条最优路径来传送数据。

路由器是车站网络系统的核心设备，通过它控制协议转换器完成各站数据交换及 TDCS 中心网联系。正常情况下，路由器不需要维护，但是必须明确一点，那就是必须保证路由器的电源工作正常，可以通过看路由器正面的电源指示灯来保证。只要路由器的电源指示灯亮绿灯，就可以了。一旦发现路由器正面的电源指示灯不亮，就要检查其背后的电源输入是否正常。电源输入是一根电源线，从车站分机机柜零层引过来。如果电源供给正常，路由器正面的电源指示灯还是不亮，就应该及时通知调监工区维修。

2）集线器

集线器是一种特殊的多路中继器，既有对信号再生放大功能，又能管理多路通信。集线器能连接多个工作点，并可实现集线器间互连。集线器是单一总线共享式设备，可提供很多网络接口，将网络中多台计算机连在一起。

交换机也称交换式集线器，它同样具备许多接口，提供多个网络节点互连。但它的性能却较共享式集线器大为提高，相当于拥有多条总线，使各端口设备能独立地进行数据传递而不受其他设备影响，表现在用户面前是各端口有独立、固定的带宽。此外，交换机还具备共享式集线器欠缺的功能，如数据过滤、网络分段、广播控制等。

集线器上共有 16 个网口，网络线可以插到其中任意一个口上。正常情况下，其面板上会亮几个绿灯。一旦发现没有一个灯亮，就要检查集线器背后的电源输入是否正常。集线器及其网络配线如图 2-12 所示。

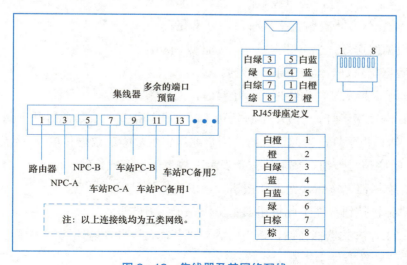

图 2-12 集线器及其网络配线

3）协议转换器

协议转换器是连接两个车站的通道传输设备，其设备连接图如图2−13所示，其面板示意图如图2−14所示。

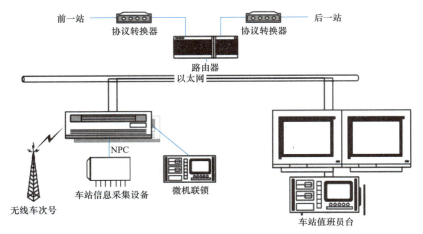

图2−13 协议转换器设备连接图

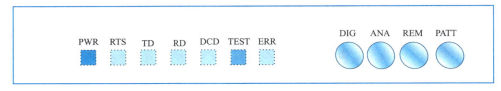

图2−14 协议转换器面板示意图

（1）指示灯的含义。

协议转换器各指示灯含义如下。

- **PWR**：电源指示灯，当电源工作正常时，此灯常亮。

- **RTS**：数据灯，当有数据交换时，此灯常亮。

- **TD**：数据发送灯，当有数据发送时，此灯闪动。

- **RD**：数据接收灯，当有数据接收时，此灯闪动。

- **DCD**：通道指示灯，当物理通道正常时，此灯常亮。

- **TEST**：测试指示灯，当PATT按钮按下时，此灯常亮，表示此时处于测试状态下。

- **ERR**：错误指示灯，当此灯亮时，表示通道出现故障或数据传输存在错误。

- **DIG**：数字信号按钮，按下此按钮表示以数字信号方式传输。

- **ANA**：模拟信号按钮，按下此按钮表示以模拟信号方式传输。

- **REM**：记忆按钮，按下此按钮表示工作在记忆方式下。

- **PATT**：工作方式选择按钮，按下时为测试状态，在此状态下可以测试环路通道状态。

未按下时，协议转换器处于正常工作状态。

（2）通道环路试验方法。

当发现与集团公司 TDCS 中心通道不通时，可以采用环路试验的办法来确定故障位置，具体如下：

① 将本方协议转换器的发送与接收端子用短线环通，并按下协议转换器的 PATT 按钮，这时 PWR、DCD、TEST 三个灯亮，而 ERR 灯不亮，说明本方协议转换器硬件正常，故障发生在通道或对方协议转换器上，可以请对方先排除对方协议转换器问题。

② 将对方对本方的接收、发送线环通，这时本方的协议转换器如果 ERR 灯还亮，说明物理通道不通，可以联系载波室处理。

3. 车站信息采集设备

车站信息采集设备的主要功能是在集团公司 TDCS 中心设备的控制下，采集车站表示信息并通过通信网络传送到集团公司 TDCS 中心。

车站信息采集设备主要集中在采集机笼内，由两块电源板、两块 NPC 板、若干块 DIB 板及一块双机切换板组成。DIB 机笼为双采集系统。双机热备的 NPC 系统安装于 DIB 机笼中，DIB 机笼是车站信息采集设备的控制核心，它直接控制 DIB 板采集开关量信息，并通过网络连接到车站局域网中。

单套车站信息采集设备 DIB 机笼面板如图 2-15 所示，图中最左面的为 NPC 板，空白处为补空板，中间四块叫 DIB 板，右面为电源板。

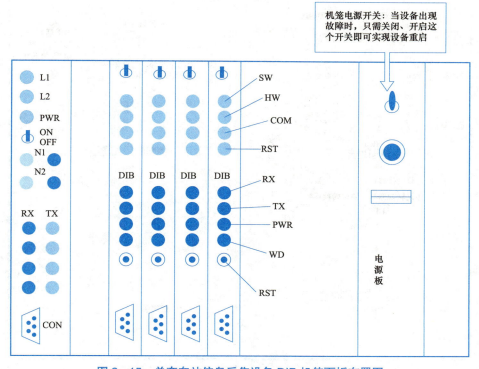

图 2-15　单套车站信息采集设备 DIB 机笼面板布置图

双套车站信息采集设备的机笼布置如图2-16所示。

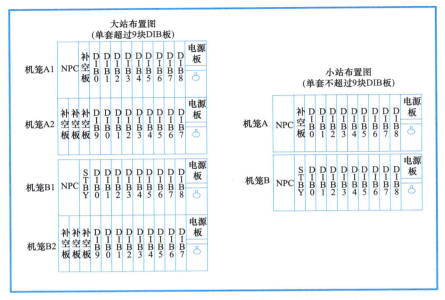

图2-16 双套车站信息采集设备 DIB 机笼布置图

TDCS 机柜尺寸采用欧洲标准，机柜设备布置图如图2-17所示。

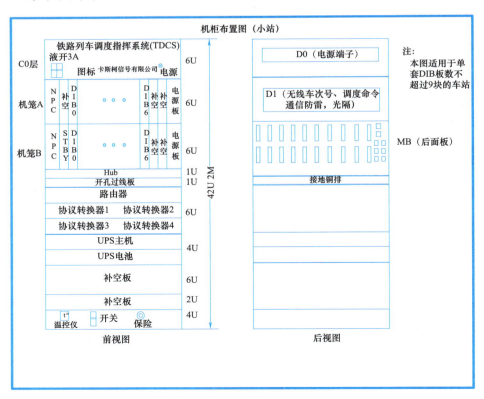

图2-17 TDCS 机柜设备布置图

1）NPC 板

NPC 即网络处理控制器（network process controller），也称为车站通信分机，是卡斯柯信号有限公司在原有的 DCOM 通信板基础上的升级板。NPC 属于基于通信任务的嵌入式微型计算机系统，采用了比较先进的微机软硬件技术，并充分结合了铁路信息化的实际需求，具有相当高的先进性和实用性，是中国铁路新一代数据传输系统的代表作之一。NPC 硬件采用工业级处理器——PC104 模块，具有 2 个以太网络接口和 4 个 RS－232/422 通信接口，能够继续扩展接口数目，具有较强的数据采集、通信、处理能力。与 DCOM 相比，在硬件上，除了增加以太网接口以外，处理器从 80186 升级为 80486，而且带数学协处理器，具备浮点运算的能力，加快了信息的处理速度，是信息化的一大进步；操作系统采用 RED_HAT Linux 5.1 操作系统，支持 POSIX 标准，具有通用性和稳定性，满足了铁路运输的安全性需要。由于 NPC 处于数据传输的核心，为了增强数据传输的可靠性，NPC 采用双机热备的方式，当主 NPC 出现故障时，能手动或自动切换至备 NPC 上，以此保证数据传输的实时性、准确性和完整性。车站设备系统框图如图 2－18 所示。

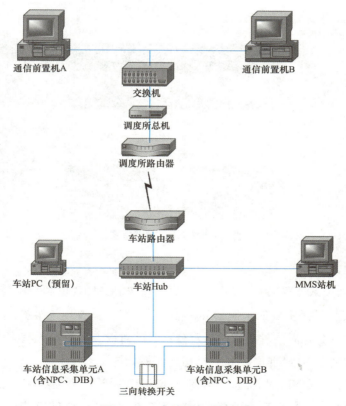

图 2－18　车站设备系统框图

每个车站有两台互为备份的 NPC，每台 NPC 各接一套数据采集系统，两台 NPC 之间有一个三向转换开关，还用一根 RS－232 串口线把两个 NPC 的串口相连。

（1）主要功能。

NPC 有强大的通信功能，在 TDCS 中 NPC 处于关键底层信息采集和处理环节，如：

① 向通信前置机传输车站开关量信息，并可作为前置机的车站命令传输平台，实现对 DIB/DOB/CIS 或车站 PC 的控制。

② 与车站计算机联锁系统交换数据（采用 RS－422/232 接口），获取站场码位信息。在 6502 车站，通过 422 串口与 DIB 板通信，采集信号联锁设备的状态信息，或者与 DOB 板通信，转发上级调监系统转发的车站设备控制命令。

除此之外，NPC 还有采集无线车次号、将调监信息转发给车站 PC、负责与监测机的通信、将 DIB 或微机联锁采集的开关量信息送到监测机等功能。图 2－19 为 NPC 功能框图。

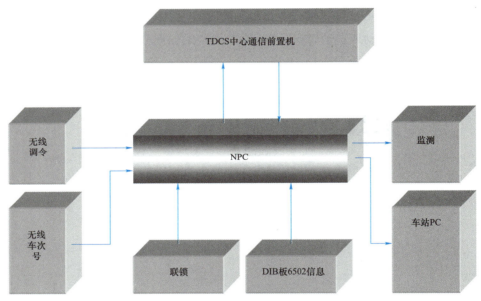

图 2－19　NPC 功能框图

（2）设备面板。

① 前面板。插板式 NPC 由一块 CPU 子板、一块 PCMCB 板和一块前面板组成。其中，CPU 子板和 PCMCB 板是主要的工作部分，出厂后一般不需要现场维护；而前面板是重要的系统状态信息显示部分，需要时对其进行观察，通过对板上各个单元状态的了解，可以知道 NPC 当前的工作状态。NPC 前面板和双机切换面板如图 2－20 所示。

② 后面板。插板式 NPC 后面板一般是 NPC 所在机笼的后面板，一般情况下会有 4 个串口和 1 个网络接口，有些串口会配有光隔或者是 RS－232/422 转换接头，串口线在接入前会经过防雷屏蔽装置或者光隔，以防止雷电击穿元件。图 2－21 为 NPC 后面板接口示意图，各接口的作用如下：

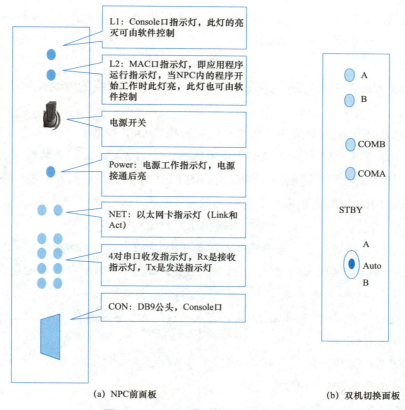

（a）NPC前面板　　　　　　　　　（b）双机切换面板

图 2-20　NPC 前面板和双机切换面板

图 2-21　NPC 后面板接口示意图

- N1：CPU 模块上网卡接口；
- N2：母板上网卡接口；
- S3、S4、S5、S6：串行口，用于 PPP 动态路由；
- S7：RS-232 串口，两个 NPC 的此串口连接，可互相发送状态消息；
- S8：预留的 RS-232 串口；
- S9：RS-422 接口，是与 DIB 板或联锁机的数据交换通道；
- S10：预留的 RS-422 接口，可接无线车次号设备。

其中，S3 口接调监上行通道，S5 口接调监下行通道；S4 口接监测上行通道，S6 口接监测下行通道，S9 口接数据采集单元（6502 站接 DIB，微机联锁站接联锁维修机）。

- NPC 的网卡接口 N2 和 Hub 相连接。

③ 双机切换面板使用方法。开关置于 A 机位时，A 机工作，B 机备用，需要人工转换；

开关置于 B 机位时，B 机工作，A 机备用。当开关置于 Auto 位时，A、B 机均可能工作，工作机故障时，自动转至备机。

④ 开关机。

开机：接通 220 V 交流电源，并确保保险丝完好；将正面板的电源开关从 OFF 位置转换到 ON 位置。

关机：直接将正面板的电源开关从 ON 位置转换到 OFF 位置。

注意：无特殊情况，请勿关闭 NPC。关闭之后，请间隔 1 min 以上的时间再启动。

⑤ 维护。如果在电源接通以后，NPC 所有的 LED 灯都不亮，则先检查一下电源，或参考下面有关 NPC LED 灯的显示内容和灯亮的含义。

NPC 面板指示灯含义

PWR：电源指示灯，正常情况下亮红灯。此 LED 灯不亮则说明电源有问题。

NET：网络状态指示灯，黄色灯亮表示 NPC 网络正常，绿色灯亮表示连接到 Hub 正常。

RX/TX：NPC 板的 4 个串口指示。NPC 板带有 4 个串口（可以通过跳线置为 RS-422 或 RS-232 方式），正常情况下，当某个串口有信息传递时，相应口的 RX/TX 灯会交替闪亮，没有使用串口时 RX/TX 灯是熄灭的。

CON：调试及连接外设用，平时不使用。

（3）一般故障判断和处理方法。

故障 1　电源或者系统故障

现象：开机后 NPC 板的电源 Power 灯不亮，说明板子未上电；开机 3 min 后 L1 灯不亮，说明系统未启动或者 Power 灯亮而程序未启动。

处理：检查电源线路或保险丝，重插板子。若还不正常，用万用表测量+5 V 输出端的电压是否在 4.75～5.25 V 之间，如果电压正常，则说明 CPU 模块有故障，须更换 NPC。

故障 2　网络连接故障

现象：NPC 有电，但是网络不通。使用"ping"命令检测 NPC 网络状况，网络不通。NPC 网络指示灯不正常（正常应该是左灯长亮，右灯闪烁）。

处理：一是检查网线；二是从监测站机"ping NPC"上，看能否成功；三是用串口线从 Console 口登录到 NPC 操作系统中，用"ifconfig"命令看能否找到网卡，如果能找到，则说明网卡是好的，须检查其他故障原因。如果找不到网卡，则说明网卡有故障。

提示：此故障应通知 TDCS 工区处理。

故障 3　主备状态故障

现象：L2 灯表明该板的主备状态，若亮灯说明该机为主机，否则为备机。双机的 L2 灯同时亮或者同时灭表明主备状态有问题。

处理：若两台 NPC 的 L2 灯均不亮，检查 NPC 三态开关的配线是否正确，位置是否在 Auto 位，若不在 Auto 位（例如在 A 机位时），转到另一位置，看是否有 L2 点亮，有的话说明有一个 NPC 故障（A 机）。若在 Auto 位，则更换 NPC 程序和配置。若两台 NPC 的 L2 灯均亮，则检查 NPC 的配置程序以及用于连接两台 NPC 的 RS-232 串口的配线是否正确。

故障 4　采集板故障

现象： NPC 前面板下方 4 个串口的第一排表示与 DIB 板的通信状况，不闪烁或者闪烁慢，说明与 DIB 板通信有故障。

处理： 更换 DIB 板。检查 NPC 与汇流条、DIB 板与汇流条之间的连线是否可靠连接；检查机笼内 4 根通信线的配线是否正确；将 DIB 板和 NPC 断电后再重新上电。

提示： 更换 DIB 板时一定要注意其 ID 地址。

故障 5　无线车次号故障

现象： NPC 前面板下方 4 个串口的第四排表示无线车次号接口状况，当列车进站或出站轧过信号机时，其接收灯会亮两到三次，如果不亮，说明无线车次号连接有问题。

处理： 如果双机同时不亮，说明无线发送器有问题。若只有一个灯亮，检查不亮 NPC 连接车次号设备的串口线的配线是否正确、连接是否正确。

故障 6　无线调度命令故障

现象： NPC 前面板下方 4 个串口指示灯中第三排的两个灯表示与无线调度命令设备的通信状况。正常情况下，双灯交替闪烁，如果只有 TX 灯闪烁，而 RX 灯不闪烁，说明无线调度命令设备故障。

处理： 检查 NPC 与无线发送器之间的连线。

2）DIB 板

（1）DIB 板的组成。

DIB 板即开关量采集器。每块 DIB 板上都有一个微处理器（80C31），用于处理 64 个开关量采样。多块 DIB 板通过 RS-422 总线与 NPC 板交换数据，然后由 NPC 板根据网络结构分发数据。

一般一个机笼中有几块 DIB 板。一个机笼可放 1 块 NPC 板和 9 块 DIB 板，当一个站场的开关量较多，9 块 DIB 板不够用时，可再增加机笼。DIB 板上部有一个电源开关和一个 ID 地址窗口，最下方有一个复位按钮，同时在 DIB 板上有 4 个红色指示灯及 4 个绿色指示灯，如图 2-22 所示。

ID 地址窗口在上部，它可显示由 0～F 的数字序号，可从侧面用小齿轮来调整。数字代表 DIB 板在机笼中所处的位置，同时也是与 NPC 通信的地址。从机笼正面看，从左至右，依次为 0、1、2……

DIB 板上部 4 个红灯依次为 SW、HW、COM、RST，其含义为：SW 代表有一个软件故障，HW 代表有一个硬件故障，COM 代表通信错误，RST 为复位灯。DIB 板正常工作时，DIB 板上部 4 个红灯全部熄灭。

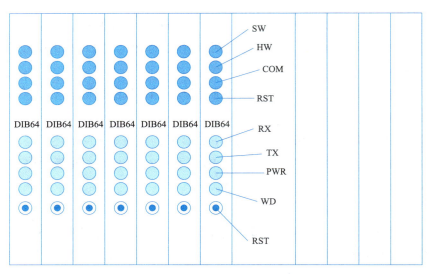

图 2-22　DIB 板外形示意图

DIB 板下部的 4 个绿灯依次为 RX、TX、PWR、WD，其含义为：RX 代表接收数据，TX 代表发送数据，PWR 代表接通，WD 代表计数器工作。DIB 板正常工作时，下部 RX、TX 两个指示灯不停闪烁，PWR 灯一直常亮绿灯。

（2）DIB 板常见故障及其处理。

故障 1　电源故障

现象为 PWR 灯灭。在 DIB 安装后，此 LED 灯的正常状态是亮的。若此 LED 灯熄灭，则应检查 DIB 板上的保险丝是否断。

故障 2　发送数据故障

现象为 TX 灯灭。当 DIB 和 NPC 板通信时，此 LED 灯应闪烁。若此 LED 灯熄灭，应检查 NPC 板是否正常工作，若 NPC 板正常工作，则关闭 DIB 的电源，取下 DIB 板，并检查 ID 开关，看它设置的位置是否与 DIB 板在机笼位置相同，确保它已设置到正确位置（0 或 1，2，3，4），然后把 DIB 板放回托架，启动电源。若此 LED 灯仍不亮，说明 DIB 板出了故障，须换上备用板，把故障板送往合适的部门修理。

故障 3　接收数据故障

现象为 RX 灯灭，当 DIB 和 NPC 通信（接收数据）时，此 LED 灯亮。若此 LED 灯熄灭，处理方法同上。

故障 4　RST 故障

在 DIB 板重新被复位后，RST 灯亮；当接收到主处理机送来的第一个信息后，此 LED 灯熄灭。如果上述复位过程结束后此 LED 灯仍不熄灭，则按 RESET 按钮。如果此 LED 灯在复位后仍不熄灭，说明板子出了故障，须换上备用板，把故障板送往合适的部门修理。

故障 5　通信故障

现象为 COM 灯亮。此 LED 灯在正常情况下是熄灭的。如果亮着，表示有一个通信错误。当发生错误后，按 RESET 按钮复位。如果此 LED 灯在复位后仍不熄灭，说明板子出了故障，须换上备用板，把故障板送往合适的部门修理。

故障 6　硬件故障

现象为 HW 灯亮。此 LED 灯正常情况是熄灭的。如果亮着，表示有硬件错误。当发生错误后，按 RESET 按钮复位。如果此 LED 灯在复位后仍不熄灭，说明板子出了故障，须换上备用板，把故障板送往合适的部门修理。

故障 7　软件故障

现象为 SW 灯灭。此 LED 灯正常情况是熄灭的。如果亮着，表示有软件错误。当发生错误后，按 RESET 按钮复位。如果此 LED 灯在复位后仍不熄灭，说明板子出了故障，须换上备用板，把故障板送往合适的部门修理。

2.5.2　TDCS 3.0 介绍

1. TDCS 3.0 系统

TDCS 3.0 系统综合采用成熟可靠的软件和硬件平台，采用符合国际、国内和行业标准的网络体系结构，是关键设备冗余配置的铁路调度指挥系统。它是一种实现铁路各级行车调度对列车运行实行透明指挥、实时监督调整、覆盖全路的现代化铁路运输调度指挥的基础设施，是铁路运输生产的重要技术装备。

1）系统功能

TDCS 3.0 车站子系统实时自动采集列车运行及现场信号设备状态信息，并传送到集团公司调度所，具备列车运行实时追踪、自动报点、站间透明、车站作业流程监督及错办报警等功能，实现各级运输调度的集中管理、统一指挥和实时监督。

TDCS 3.0 车站子系统是铁路调度指挥系统的重要组成部分，是整个网络系统的基本功能节点。

2）系统结构

TDCS 3.0 车站子系统主要设备包括：综合处理机、采集设备、路由器、交换机、安全设备、UPS 电源、ATS 切换器、值班员终端、信号员终端、车务管理终端、电务维护终端、车站服务器、光纤长线驱动器、音箱、网络打印机及通信质量监督设备，如图 2-23 所示。

车站 TDCS 3.0 机柜主要包括采集机柜、工控机柜和服务器机柜（按需设置）。

（1）采集机柜中安装的设备主要包括交换机、综合处理机、采集机笼、路由器、ODF 架、UPS、ATS 切换器、通信质量监督设备。

（2）工控机柜中安装的设备主要包括信号员工控机、车务管理终端工控机、电务维修机、安全网关、长线驱动器、三合一控制台、值班员工控机。

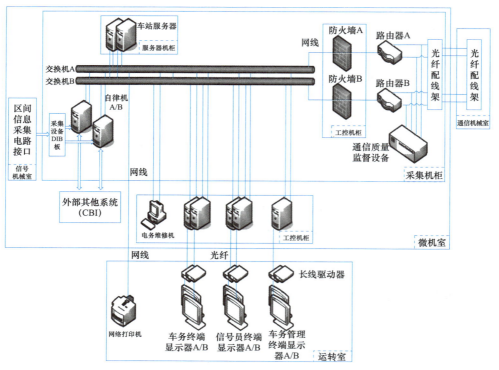

图 2-23 TDCS 3.0 车站设备

（3）服务器机柜中安装的设备主要包括工控机（预留）、长线驱动器、三合一控制台、车站服务器。

3）机柜面板电源指示灯

在采集机柜和工控机柜前面板上分别有 2 个电源指示灯：A 系电源和 B 系电源，如图 2-24 所示。机柜面板上的电源指示灯含义如表 2-1 所示。

图 2-24 机柜面板电源指示灯

表 2-1 机柜面板上的电源指示灯含义

编号	名称	含义	正常状态显示	备注
1	A 系电源	电源指示灯	绿灯	绿灯亮表示机柜 A 系输入电源正常
2	B 系电源	电源指示灯	绿灯	绿灯亮表示机柜 B 系输入电源正常

4）系统电源需求

系统需电源屏提供 2 路独立单相或三相交流电源，其技术指标为：220 V（−15%～+10%），（50±1）Hz，每路不小于 10 A（设置车站服务器设备则为 15 A），2 路电源的倒换时间小于 0.15 s。电源屏模块能够承受 50 A 的瞬间冲击能力。电源屏提供的 2 路独立电源接入车站 TDCS 3.0 采集机柜电源配电箱，通过系统电源配电箱供出至内部设备。

2. TDCS 3.0 车站设备

1）综合处理机

TPU−1 综合处理机是 TDCS 3.0 车站子系统的核心处理设备，主要功能为信号设备状态采集、外部系统接口、站场表示处理、列车计划处理、车次跟踪和校核处理、进路状态识别和错办报警提示。TPU−1 综合处理机每个车站设置一套，采用双机热备模式。

TPU−1 综合处理机前面板如图 2−25 所示。左边为 A 系统，右边为 B 系统。两个系统之间为切换模块（HSU）。A、B 系统均由电源模块、主控模块和串口模块组成。图 2−26 为TPU−1 综合处理机后面板。

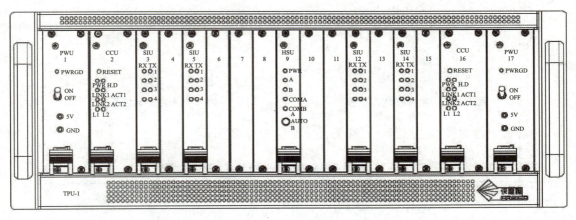

图 2−25　TPU−1 综合处理机前面板

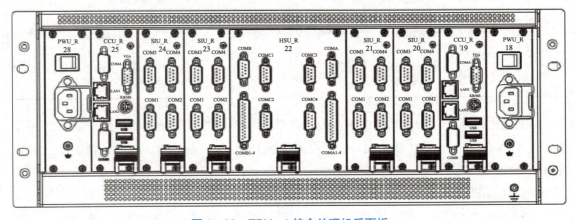

图 2−26　TPU−1 综合处理机后面板

（1）电源模块。

电源模块前面板指示灯说明如图2-27所示，后面板如图2-28所示。

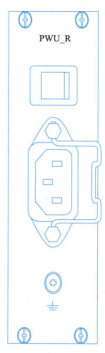

图2-27　电源模块前面板　　　　　　图2-28　电源模块后面板

电源模块前面板上的指示灯、开关含义如表2-2所示。

表2-2　电源模块前面板上的指示灯、开关含义

序号	名称	含义	正常状态显示	异常状态显示	备注
1	PWRGD	电源指示灯	绿灯	灭灯	绿灯亮表示电源模块上电工作
2	ON/OFF	电源开关	—	—	拨向"ON"表示系统上电，拨向"OFF"表示系统断电
3/4	5 V/GND	电源电压测试孔	—	—	仅用作测试系统供电电压是否正常，不用作其他用途

后面板电源开关，"+"端按键表示关闭电源，"-"端按键表示开启电源。其中A系电源板给A系CCU板、SIU板供电，B系电源板给B系CCU板、SIU板以及切换单元HSU板供电。

（2）CCU模块。

CCU模块由CCU前面板和CCU-R后走线板构成，如图2-29和图2-30所示。

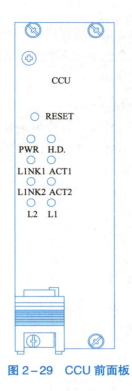

图 2-29　CCU 前面板

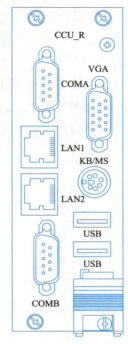

图 2-30　CCU-R 后走线板

CCU 前面板设有 8 个 LED 指示灯和 1 个 RESET 按钮，其具体含义如表 2-3 所示。

表 2-3　CCU 前面板上的指示灯、按钮含义

编号	名称	含义	正常状态显示	异常状态显示	备注
1	RESET	复位按钮	—	—	按下此按钮，可将系统复位
2	PWR	电源指示灯	绿灯	灭灯	绿灯亮，表示系统上电工作
3	H.D.	硬盘指示灯	绿灯	灭灯	绿灯亮，表示硬盘在工作
4	LINK1	网络 1 连接指示灯	绿灯	灭灯	绿灯亮，表示主板网络 1 已连接上
5	LINK2	网络 2 连接指示灯	绿灯	灭灯	绿灯亮，表示主板网络 2 已连接上
6	L1	CCU 工作指示灯	绿灯	灭灯	绿灯亮，表示 CCU 工作正常
7	L2	主备状态指示灯	绿灯	—	L2 亮绿灯，表示主机；L2 灭灯表示备机
8	ACT1	网络 1 数据传输指示灯	绿灯闪烁	灭灯	绿灯闪烁，表示网络 1 有数据收发
9	ACT2	网络 2 数据传输指示灯	绿灯闪烁	灭灯	绿灯闪烁，表示网络 2 有数据收发

CCU_R 后走线板设有 2 路串口（COMA、COMB）、2 个网络接口（LAN1、LAN2）、2 个 USB 接口（USB、USB），1 个 VGA 接口（VGA），1 个键盘/鼠标接口（KB/MS）。

（3）SIU 串口模块。

SIU 串口模块主要由 SIU 前面板和 SIU_R 后走线板构成。

SIU 前面板设有 4 排 2 列 LED 指示灯（见图 2−31），分别指示其 SIU_R 后走线板（见图 2−32）的 4 路串口的发送和接收状态。SIU 前面板指示灯具体含义如表 2−4 所示。

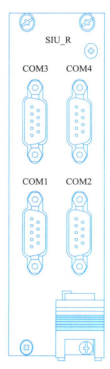

图 2−31　SIU 前面板　　　　　　图 2−32　SIU_R 后走线板

表 2−4　SIU 前面板上的指示灯含义

编号	名称	含义	正常状态显示	异常状态显示	备注
1	左 1	COM1 接收指示灯	绿灯闪烁	灭灯	绿灯闪烁，表示正在接收数据
2	右 1	COM1 发送指示灯	绿灯闪烁	灭灯	绿灯闪烁，表示正在发送数据
3	左 2	COM2 接收指示灯	绿灯闪烁	灭灯	绿灯闪烁，表示正在接收数据

续表

编号	名称	含义	正常状态显示	异常状态显示	备注
4	右 2	COM2 发送指示灯	绿灯闪烁	灭灯	绿灯闪烁，表示正在发送数据
5	左 3	COM3 接收指示灯	绿灯闪烁	灭灯	绿灯闪烁，表示正在接收数据
6	右 3	COM3 发送指示灯	绿灯闪烁	灭灯	绿灯闪烁，表示正在发送数据
7	左 4	COM4 接收指示灯	绿灯闪烁	灭灯	绿灯闪烁，表示正在接收数据
8	右 4	COM4 发送指示灯	绿灯闪烁	灭灯	绿灯闪烁，表示正在发送数据

（4）HSU 切换模块。

HSU 切换模块主要由 HSU 前面板和 HSU_R 后走线板构成，如图 2-33 和图 2-34 所示。

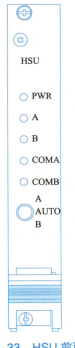

图 2-33　HSU 前面板

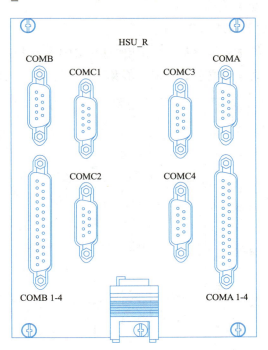

图 2-34　HSU_R 后走线板

HSU 前面板上设有 5 个 LED 指示灯和 1 个三向开关，LED 指示灯的具体含义如表 2-5 所示。

表 2-5　HSU 前面板上 LED 指示灯的含义

编号	名称	含义	正常状态显示	异常状态显示	备注
1	PWR	电源指示灯	绿灯	灭灯	绿灯亮，表示模块上电工作
2	A	A 系统工作指示灯	绿灯	灭灯	绿灯亮，表示 A 机作为主机工作
3	B	B 系统工作指示灯	绿灯	灭灯	绿灯亮，表示 B 机作为主机工作
4	COMA	A 机与 STBY 板通信状态灯	绿灯闪烁	灭灯	绿灯闪烁，表示综合处理机 A 与 STBY 板通信
5	COMB	B 机与 STBY 板通信状态灯	绿灯闪烁	灭灯	绿灯闪烁，表示综合处理机 B 与 STBY 板通信

三向开关：开关扳到"A"位，表示强制综合处理机 A 为主机；扳到中间"AUTO"位，表示系统自动切换；扳到"B"位，表示强制综合处理机 B 为主机。

HSU_R 后走线板的 COMA 与综合处理机 A 的 CCU_R 板的 COMA 口通过 RS-232 串口连接，建立通信；COMB 与综合处理机 B 的 CCU_R 板的 COMB 口通过 RS-232 串口连接，建立通信；COMA 1-4、COMB 1-4、COMC 1-4 表示 3 组切换输入输出通信配置接口。

2）信息采集设备

信息采集设备一般由电源板、DIB 采集板和 DIB 机笼母板组成。DIB 采集板数量根据车站自采集码位总数确定，单套最多支持 4 块，具体如图 2-35 和图 2-36 所示。

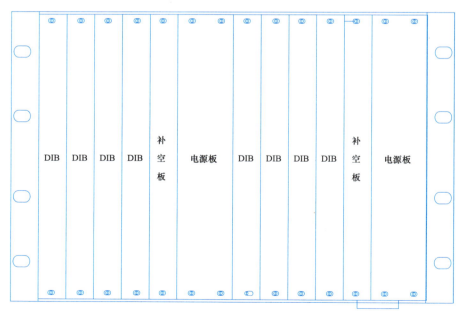

图 2-35　信息采集设备前面板

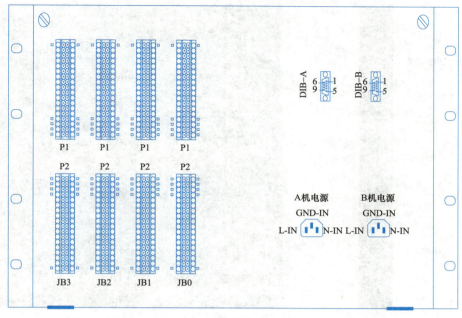

图 2-36 信息采集设备后面板

（1）电源板。

电源板工作输入电压为 AC 220 V，输出电压为+5 V。电源板一般设置 1 个电源开关和 1 个熔丝保险控制器，以及 1 个输出电压大小调节旋钮（设置在电源模块侧面），具体如图 2-37 和图 2-38 所示。

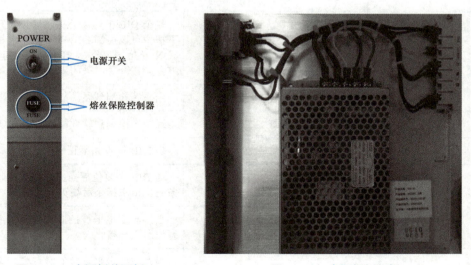

图 2-37 电源板前面板   图 2-38 电源板侧面板

（2）DIB 采集板。

DIB 采集板一般设置 1 个电源开关和 1 个 DB9 串口，以及 2 组工作指示灯、1 组通信监测指示灯，具体如图 2-39 和图 2-40 所示。

电源开关 ——● ON
          OFF

指示灯 ——● SW
        ● HW
        ● COM
        ● RST

        ● RX
        ● TX
        ● PWR
        ● WD
        ● RST

DB9串口 ——

图 2-39　DIB 采集板前面板

图 2-40　DIB 采集板侧面板

DIB 采集板前面板上的开关及指示灯详细说明如表 2-6 所示。

表 2-6　DIB 采集板前面板上的开关及指示灯含义

编号	名称	含义	正常状态显示	异常状态显示	备注
1		电源开关			整个 DIB 的电源开关，通过对开关的上下拨位可以控制 DIB 的开机和关机。向上（ON 方向）拨开关，打开电源；向下（OFF 方向）拨开关，关闭电源
2	SW	硬件故障指示灯	灭灯	红灯	当系统检测到硬件故障时亮红灯
3	HW	软件故障指示灯	灭灯	红灯	当系统检测到软件故障时亮红灯
4	COM	通信状态指示灯	灭灯	红灯	当 DIB 接收到不正确的信息时亮红灯
5	RST	复位状态指示灯			当 DIB 被复位后点亮，当主机收到第一条码位请求指令后熄灭
6	RX	数据接收指示灯	绿闪	灭灯	当接收线电平被拉低时灯亮，闪烁表示有信息正在接收
7	TX	数据发送指示灯	绿闪	灭灯	当发送线电平被拉低时灯亮，闪烁表示有信息正在发送
8	PWR	电源指示灯	绿灯	灭灯	当电源正常供给时亮绿灯
9	WD	看门狗运行指示灯	绿灯	灭灯	当看门狗正常运行时亮绿灯

DIB 采集板侧面位置一般设置有 4 位拨码选择开关，其拨码按照 8421 码顺序进行。拨码选择开关拨至上位则至 "1"，拨至下位则至 "0"。如第 1 块 DIB 板通常设置为 "0000"，第 2 块板设置为 "0001"，第 3 块设置为 "0010"，依次类推，顺序完成 DIB 板地址拨码选择。

（3）DIB 机笼母板。

DIB 机笼母板分为 A 和 B 两个部分。每一部分的母板正面包含接 DIB 板插座 4 个、接电源板插座 1 个，如图 2-41 所示。同时，每一部分的母板背面各有 RS-422 插座 1 个、DIB 板数字量输入插座 4 个、+5 V 电源输入输出插座 1 个，如图 2-42 所示。

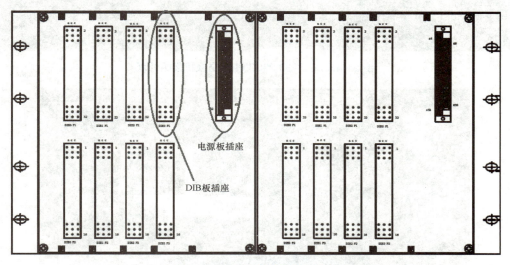

图 2-41　DIB 机笼母板正面板

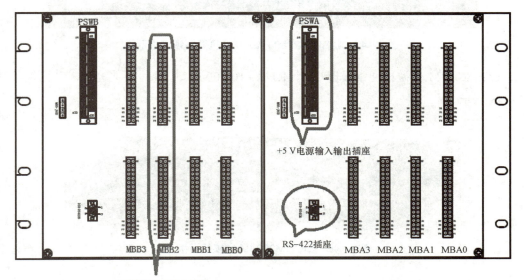

图 2-42　DIB 机笼母板背面板

3）交换机

交换机是 TDCS 3.0 车站设备之间交互信息的核心网络设备，TDCS 3.0 车站设备通过交换机的 RJ45 接口实现信息交互。每个车站的采集机柜中设置两台交换机，交换机的故障将直接影响车站设备之间的信息交互。下文以 CISCO 2960 Plus 及东土 SICOM2024M 型号为例进行说明。

CISCO 2960 Plus 交换机通常设置 24 个 RJ45－10/100 端口、2 个 10/100/1000 级联 RJ45 端口。其面板外观如图 2－43 所示，网络端口指示灯如图 2－44 所示。

图 2－43　CISCO 2960 Plus 交换机面板外观

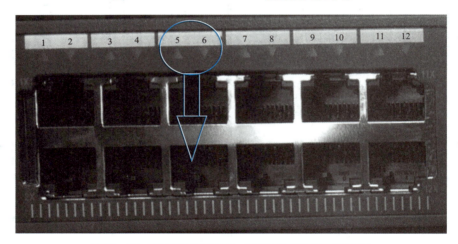

图 2－44　CISCO 2960 Plus 交换机网络端口指示灯

SICOM2024M 交换机通常设置 24 个 RJ45－10/100 端口、4 个百兆光口。其面板外观如图 2－45 所示。

图 2－45　SICOM2024M 交换机面板外观

4）路由器

路由器是车站 TDCS 3.0 系统与其相邻车站 TDCS 3.0 系统、TDCS 中心 TDCS 3.0 系统交互信息的核心网络处理单元。根据实际通道条件，路由器可通过 G.703 2 Mbit/s 同轴电缆接口或光纤 FE 接口实现车站与车站、车站与调度中心之间的信息交互功能。路由器的故障将直接影响到车站与车站、车站与调度中心之间的信息交互。每个车站的采集机柜中设置 2 台路由器。

TDCS 3.0 车站一般设置 2 台路由器，其外观如图 2-46 所示。

图 2-46　路由器外观

路由器指示灯含义如表 2-7 所示。

表 2-7　路由器指示灯含义

编号	符号	含义	正常状态显示	异常状态显示	备注
1	SYS	系统指示灯	绿灯	琥珀色灯	设备未上电时灭灯，设备正常时亮绿灯，灯呈琥珀色时说明出现异常
2	ACT	数据传输状态指示灯	绿闪（较低的频率）	灭灯	灭灯表示没有数据传输。通常情况下，此灯应当以较低的频率闪烁。闪烁有数据传输，但如果闪烁过于频繁，有可能是网络中的广播包数量太多
3	POE	以太网供电指示灯	绿灯	灭灯	正常情况下灯不亮。当有 POE 电源模块供电时亮绿灯

每台路由器一般配置 1 个同轴 2 Mbit/s 网络接口模块，支持 2 个 2 Mbit/s 通道连接，其外观如图 2-47 所示。

图 2-47　同轴 2M 网络接口模块外观

设备指示灯含义如表 2-8 所示。

表 2−8　同轴 2M 模块指示灯含义

序号	名称	含义	正常状态显示	异常状态显示	备注
1	CD	载波信号指示灯	绿灯	灭灯或频繁闪烁	网络正常工作时，载波信号指示灯 CD 亮度较大，而且不闪烁；载波信号指示灯 CD 不亮或亮度比正常暗许多，而且频繁闪烁，则可能是线不通或信号质量太差
2	LP	线路环回指示灯	灭灯	黄灯	黄灯表示端口处于环回模式
3	AL	报警指示灯	灭灯	黄灯	灭灯表示无报警，黄灯表示有报警

每台路由器一般配置 2 个 FE 光接口模块（如图 2−48 所示）及 2 个单模光口模块。以下以 GE−SFP−CU 模块为例进行介绍。

图 2−48　FE 光接口模块外观

设备指示灯含义如表 2−9 所示。

表 2−9　FE 光接口模块指示灯含义

序号	显示名称	含义	正常状态显示	异常状态显示	备注
1	SFP−EN	SFP 模块连接指示灯	绿灯	琥珀色灯	灭灯表示未使用 SFP 模块，绿灯表示正常使用 SFP 模块，琥珀色灯表示使用 SFP 模块异常或失败
2	ACT	接收/发送指示灯	绿灯或绿闪	灭灯	指示接收/发送功能是否正常。灭灯表示没有数据包传输，绿灯或绿灯闪烁表示数据正在传输
3	LNK	链路连接指示灯	绿灯	灭灯	指示传输链路是否连接。绿灯表示传输链路正常
4	SPD	数据传输速率指示灯	绿闪	灭灯	灭灯表示未链接，绿闪表示链路的速度：1 次闪烁并停顿—10 Mbit/s，2 次闪烁并停顿—100 Mbit/s，3 次闪烁并停顿—1 000 Mbit/s

5）网络安全设备

TDCS 3.0 系统网络安全设备包含安全网关系统和安全加固软件。

（1）安全网关系统是采用协议过滤、访问控制等机制，保证 TDCS 3.0 系统内不同区域间信息安全的设备。

（2）安全加固软件是从系统层对计算环境内服务器和终端进行加固，使系统具备主动防御能力。

安全网关系统通常在前面板设置液晶显示区域和功能操作区域、设备管理接口区域和以太网接口区域；后面板则设置电源输入插口、开关和电源指示灯，具体参见图 2-49 和图 2-50。

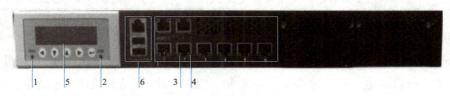

图 2-49　安全网关系统前面板

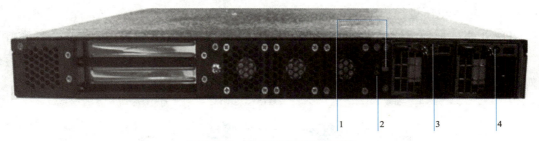

图 2-50　安全网关系统后面板

前面板端口及指示灯含义如表 2-10 所示。

表 2-10　前面板端口及指示灯含义

编号	显示名称	含义	正常状态显示	异常状态显示	备注
1	PWR	电源指示灯	绿灯	灭灯	设备上电时点亮绿灯
2	HDD	硬盘指示灯	绿闪	灭灯	硬盘正常工作时，会有闪烁绿灯光
3		以太网接口指示灯	绿灯	灭灯	以太网物理接口连接正常时，常亮绿灯
4		以太网接口指示灯	绿闪	灭灯	以太网物理接口数据交换时，绿灯闪烁
5	液晶屏				显示设备启动状态
6	Console	配置管理端口			配置管理端口，一般用于设备的调试和系统配置
	USB	USB 串口			USB 串口接入

后面板按钮及指示灯含义如表 2-11 所示。

表 2-11　后面板按钮及指示灯含义

编码	显示名称	含义	正常状态显示	异常状态显示	备注
1		电源模块报警灯	红灯	灭灯	电源模块故障时灭灯报警
2		电源开关			电源按钮开关，用于开启/关闭设备电源
3		电源模块 1 指示灯	绿灯	灭灯	电源模块 1 输入电源正常时显示绿灯
4		电源模块 2 指示灯	绿灯	灭灯	电源模块 2 输入电源正常时显示绿灯

6）UPS 电源

为保证系统可靠工作，TDCS 3.0 车站分机要求电源屏提供 2 路电源，并经过 UPS 给 TDCS 3.0 车站分机供电。对于非集中供电车站，TDCS 3.0 车站分机需单独设置 2 台 2 kVA 的 UPS 设备（设置车站服务器机柜的，UPS 为 3 kVA），UPS 采用宽输入稳压型设备，能对 160～280 V 输入电压进行稳压。

UPS 主机的前面板通常设置开机键和对应的状态指示灯，其面板左侧为负载容量指示灯，右侧为电池容量指示灯，设备正常使用时面板只有绿色指示灯点亮。设备面板外观示意图如图 2-51 所示。

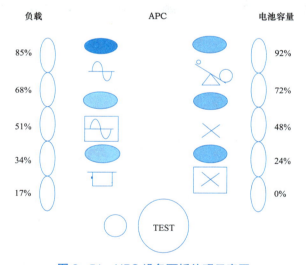

图 2-51　UPS 设备面板外观示意图

UPS 设备面板指示灯和按钮具体含义如表 2-12 所示。

表 2-12　UPS 设备面板指示灯、按钮含义

序号	显示图形	含义	正常状态显示	异常状态显示	备注
1		主机供电指示灯	绿灯	灭灯	绿灯点亮，表明主机使用外电供电

续表

序号	显示图形	含义	正常状态显示	异常状态显示	备注
2		主机电池供电指示灯	灭灯	黄灯	黄灯点亮，表明主机使用电池供电。若主机每隔 4 s 蜂鸣器鸣 4 声，表明外电异常报警。通常情况下电压低于 168 V，高于 253 V 时，主机会判定外电异常，即使外电没有断电，主机也会使用电池供电
3		主机旁路状态指示灯	灭灯	黄灯	黄灯点亮，表明主机为旁路状态，负载使用外电供电。若外电断电，UPS 亦不会自动转电池供电，负载会断电。此时需检查主机后侧手动旁路开关是否在旁路位置
4		主机超载指示灯	灭灯	红灯	红灯点亮，表明主机超载。当主机负载指示灯全亮时，此灯会同时点亮，此时需降低负载量
5		主机故障状态指示灯	灭灯	红灯	红灯点亮，表明主机故障。当主机超载指示灯亮红灯和故障指示灯同时点亮时，主机需要维修处理。通常情况下，主机故障时，设备会自动转旁路工作，此时主机旁路黄灯点亮
6		主机电池故障指示灯	灭灯	红灯	红灯点亮，表明主机电池故障。若此灯点亮，则需要更换电池。更换电池时需长按面板 TEST 开机键，进行电池自检，即可消除红灯。但电池故障灯长时间点亮时，需重新启动主机才可消除故障
7	(TEST)	开机键			

7）ATS 切换器

ATS 切换器是为实现既有线 TDCS 3.0 车站双 UPS 电源主备切换而应用的电源切换装置。对于集中 UPS 供电的客运专线车站，则不需要使用该设备。

ATS 切换器的主要功能是实现电源屏直供电与 UPS 自动切换供电间的正常切换，保证 UPS 故障情况下能够自动切换到电源屏直供电，避免负载设备断电情况出现。ATS 切换器有很多种类，原理类似。下面以 AP7723 切换器为例进行介绍，其外观如图 2−52 所示。

图 2−52　AP7723 切换器外观

ATS 切换器前面板示意图如图 2−53 所示。

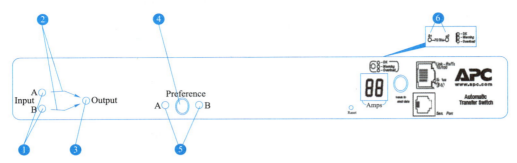

图 2−53 ATS 切换器前面板示意图

设备面板指示灯和按钮具体含义如表 2−13 所示。

表 2−13 ATS 切换器前面板指示灯、按钮含义

编号	显示名称	含义	正常状态显示	异常状态显示	备注
1	A	ATS 切换器的 A 路电源输入	绿灯	灭灯	A 对应 ATS 切换器后面板 A 路输入电源。当指示灯都亮时代表输入电源均正常，某个灯熄灭代表该路没输入电源
	B	ATS 切换器的 B 路电源输入	绿灯	灭灯	B 对应 ATS 切换器后面板 B 路输入电源。当指示灯都亮时代表输入电源均正常，某个灯熄灭代表该路没输入电源
2		使用 A/B 路电指示	绿色	无色	哪个线路点亮代表正在使用该路电。ATS 切换器会自动或手动选定一路输入电作为常用电，如 A 路亮代表输入的是 A 路电
3	Output	ATS 切换器电压输出指示灯	绿灯	灭灯	指示灯点亮，表明 ATS 切换器输出电压正常
4	Preference	选择输出按钮	—	—	用于选择使用 A 或 B 路输出
5	A	A 路电输出指示灯	绿灯	灭灯	与 Preference 按钮配合使用。按动 Preference 按钮，使 A 灯亮起，代表设定 A 路常用，优先使用 A 路电；再次按动 Preference 按钮，使 B 灯亮起（A 灯熄灭），代表优先使用 B 路电；再次按动 Preference 按钮，A 灯和 B 灯全熄灭，主机自动选择一路电输出，此时不分常用电和备用电，先上电先输出，当其中一路断电后再来电，ATS 依旧维持原先状态
	B	B 路电输出指示灯	绿灯	灭灯	
6		负载状态指示灯	绿灯	黄灯/红灯	绿灯代表负载余量足够，黄灯代表负载接近上限，默认设定为 12 A，红灯代表 ATS 切换器超载，AP7723 默认超过 16 A 显示红灯

8）值班员终端

值班员终端为双机冗余系统，不分主备，双机并行同时工作。双机之间互相交换最新的数据以保持同步。主机一般设置于系统工控机柜内，输出显示设备则安装在行车运转室。

值班员终端主机标准配置为工控机设备，目前现场在用工控机有 4U 工控机及 2U 工控机两种，其中，4U 工控机型号一般为 PCA-6011G2，如图 2-54 所示。

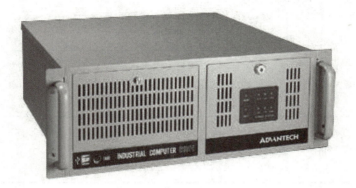

图 2-54 4U 工控机

（1）主面板指示灯。

工控机主面板指示灯如图 2-55 所示，通常是输入、输出电源指示灯和硬盘工作指示灯。

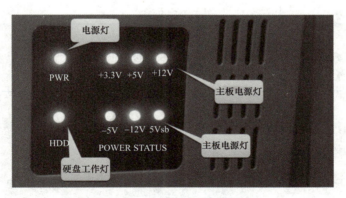

图 2-55 工控机主面板指示灯

工控机主面板指示灯含义如表 2-14 所示。

表 2-14 工控机主面板指示灯含义

编码	名称	含义
1	PWR	工控机主机电源灯 亮绿灯：表示主机的电源已经接通； 熄灭：表示主机的电源没有接通

编码	名称	含义
2	HDD	工控机硬盘工作灯 亮绿灯：表示主机硬盘处于工作状态； 熄灭：表示主机硬盘未工作
3	+3.3 V	工控机主板电源灯 亮绿灯：表示工控机主板供电正常； 熄灭：表示工控机主板供电异常
4	+5 V	工控机主板电源灯 亮绿灯：表示工控机主板供电正常； 熄灭：表示工控机主板供电异常
5	+12 V	工控机主板电源灯 亮绿灯：表示工控机主板供电正常； 熄灭：表示工控机主板供电异常
6	−5 V	工控机主板电源灯 亮绿灯：表示工控机主板供电正常； 熄灭：表示工控机主板供电异常
7	−12 V	工控机主板电源灯 亮绿灯：表示工控机主板供电正常； 熄灭：表示工控机主板供电异常
8	5 Vsb	工控机主板电源灯 亮绿灯：表示工控机主板供电正常； 熄灭：表示工控机主板供电异常

（2）按钮。

在指示灯后侧，一般设置"Reset"和"Power"两个按钮，分别表示热启动复位按钮和电源开关按钮，具体如图 2−56 所示。

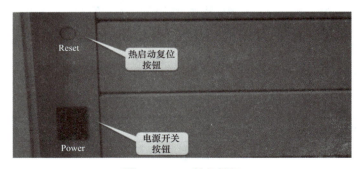

图 2−56　工控机按钮

9）信号员终端

信号员终端为双机冗余系统，不分主备机，双机并行同时工作。双机之间互相交换最新的数据以保持同步。主机一般设置于系统工控机柜内，输出显示设备则安装在行车运转室。

信号员终端主机与值班员终端主机保持一致，一般配置为工控机设备。工控机设备面板指示灯说明同值班员终端设备。

10）车务管理终端

车务管理终端主机一般设置于系统工控机柜内，输出显示设备则安装在行车运转室。

车务管理终端主机与值班员终端主机保持一致，一般配置为工控机设备。工控机设备面板指示灯说明同值班员终端设备。

11）电务维护终端

电务维护终端主机一般设置于系统工控机柜内，与安装在机柜内的 LCD 三合一控制设备或显示器、键盘鼠标一体化设备配套使用。

12）车站服务器

TDCS 车站服务器（如图 2-57 所示）集中存储管辖范围内车站的行车数据，行车数据包括行车日志、调度命令、施工登记、行车事件报警日志以及相关规章、资料等，并提供统计、分析和查询功能。

图 2-57　TDCS 车站服务器

一个直属站或车务段管辖的多个车站共用一套 TDCS 车站服务器，采用双机热备方式，安装于信号机房。下面以研华服务器 EIS-2206B 为例进行说明。

车站服务器设备面板及各位置定义描述如图 2-58～图 2-60 所示。

前面板	位置	描述
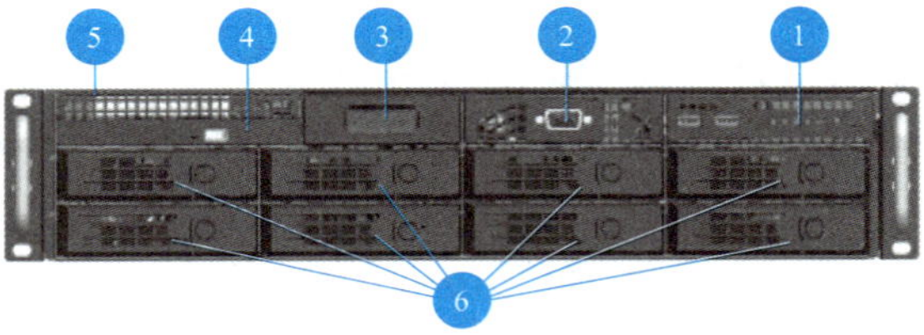	1	开关灯板模块
	2	VGA 模块
	3	LCD 模块
	4	光驱
	5	内置硬盘位
	6	8个热插拔硬盘位

图 2-58　车站服务器前面板及各位置定义描述

后面板	位置	描述
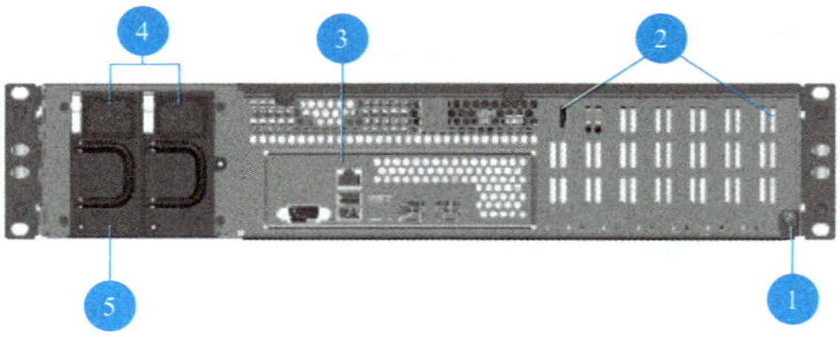	1	接地螺钉
	2	扩展区
	3	I/O接口区
	4	冗余电源插口
	5	冗余电源模块（可选）

图 2-59　车站服务器后面板及各位置定义描述

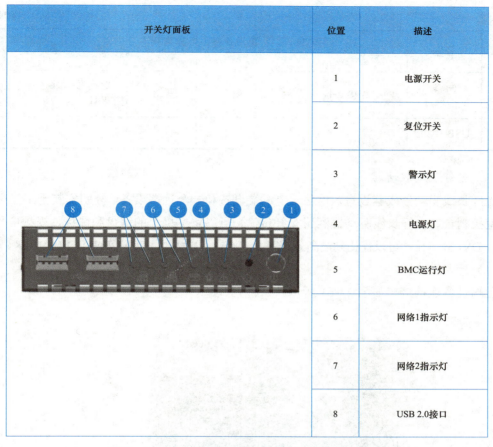

开关灯面板	位置	描述
	1	电源开关
	2	复位开关
	3	警示灯
	4	电源灯
	5	BMC运行灯
	6	网络1指示灯
	7	网络2指示灯
	8	USB 2.0接口

图 2-60　车站服务器开关灯面板及各位置定义描述

车站服务器开关灯面板指示灯含义如表 2-15 所示。

表 2-15　车站服务器开关灯面板指示灯含义

编号	名称	含义	正常状态显示	异常状态显示	备注
1	电源开关	控制电源是否接通	—	—	设备开关机按键
2	复位开关	复位	—	—	设备复位开关按键
3	警示灯	设备状态显示	灭灯	红灯	遇警示情况亮红灯
4	电源灯	电源状态显示	绿灯	灭灯	上电时亮绿灯，上电异常时灭灯
5	BMC 运行灯	BMC 运行状态显示	绿灯	灭灯	有访问时亮绿灯，无访问时灭灯
6	网络 1 指示灯	网络连接 1 状态显示	绿灯	灭灯	数据通信时亮绿灯，无连接时灭灯

续表

编号	名称	含义	正常状态显示	异常状态显示	备注
7	网络2指示灯	网络连接2状态显示	绿灯	灭灯	数据通信时亮绿灯,无连接时灭灯
8	USB 接口				

13）光纤长线驱动器

光纤长线驱动器成套设置,包含一个近端设备和一个远端设备,分别安装于工控机柜和运转室控制台。光纤长线驱动器利用光纤传输,可以将主机上的键盘和鼠标、视频信号延长800 m,DVI 接口显示可以优化到最高分辨率 WUXGA（1 920×1 200）/Full HD（1 920×1 080）。

（1）近端设备。

近端设备连接接口如图 2-61 所示。

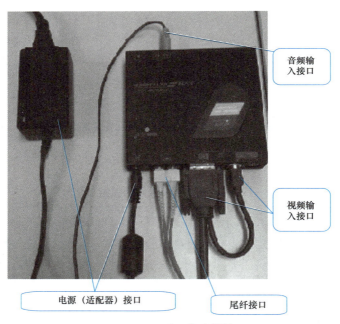

图 2-61　近端设备连接接口

面板指示灯上电时显示绿色灯光,与远端设备建立通信后则显示蓝色灯光。

（2）远端设备。

远端设备连接接口如图 2-62 所示。

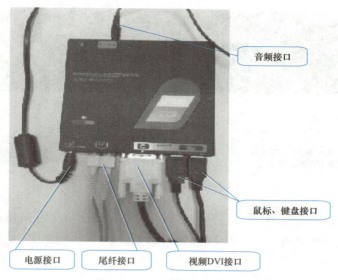

图 2-62　远端设备连接接口

面板指示灯上电时显示绿色灯光，与近端设备建立通信后则显示蓝色灯光。

14）音箱

音箱，一般与工控主机匹配使用，作为音频输出设备，其一般安装在行车运转室终端控制台，用于进行相关语音提示。

TDCS 3.0 车站系统一般配置 2 台音箱设备。图 2-63 是金河田 M2215-09 型音箱。

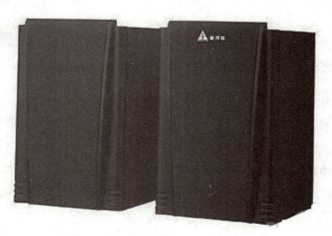

图 2-63　金河田 M2215-09 型音箱

音箱一般在箱体顶部设置 2 个音量调节旋钮和 1 个电源开关按钮、1 个电源指示灯，具体如图 2-64 所示。

15）网络打印机

网络打印机一般安装在运转室终端控制台，用于调度命令、阶段计划及行车日志的打印输出。

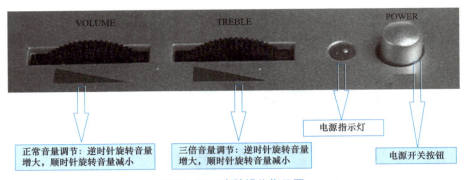

图 2－64　音箱操作指示图

TDCS 3.0 车站系统一般配置 1 台网络打印机设备，图 2－65 为 M403n 型打印机。

打印机一般在箱体顶部设置 1 个 LCD 面板控制区和 1 个电源输入按键（白灯），具体如图 2－66 所示。

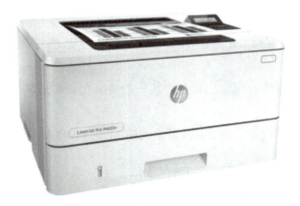

图 2－65　M403n 型打印机

图 2－66　打印机的箱体顶部

16）通信质量监督设备

通信质量监督设备 DLMU200－F 是在线测试 100BASE－FX 的光通道质量的设备，该设备应用于通信接口为 FE 光纤接口的车站。

DLMU200－F 型通信质量监督设备设置 1 个 5 英寸液晶屏，分辨率是 800×480，可触摸控制，如图 2－67、图 2－68 所示。液晶屏主要用于显示线路状态、线路流量，方便现场人员查看。其屏幕显示的告警信息如表 2－16 所示。

图 2－67　DLMU200－F 前面板

图 2-68　DLMU200-F 后面板

表 2-16　屏幕显示的告警信息

序号	告警信息
1	LOS：光信号丢失，当从监督口出来的光功率小于 -36 dB 时，会出现 LOS 告警
2	ERR：光纤通道误码丢包
3	光功率：光纤信号强度，有信号强度过强、信号强度过低 2 种状态
4	温度：光纤模块实时温度

　　DLMU200-F 型通信质量监督设备后面板上有 2 个以太网口、2 个电源开关、2 个电源插口、4 个光纤以太网监测板卡。

2.5.3　车站 TDCS 系统维护工作

1. 电务维修机日常操作

1）车站报警信息查询操作说明

　　通过设置在微机室工控机柜里面的电务维护机可以查询报警信息。具体操作步骤如下：

　　（1）单击"显示"菜单，出现三个子功能选项：工具栏、站场图、行车日志，如图 2-69 所示。

图 2-69　"显示"菜单

　　（2）将鼠标移至"工具栏"，出现子选项：标准按钮、签收栏、显示系统信息窗口，如图 2-70 所示。

　　（3）将鼠标移至"显示系统信息窗口"，然后单击，弹出报警信息窗口，如图 2-71 所示。

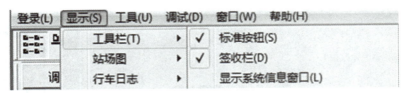

图 2-70　"工具栏"子选项

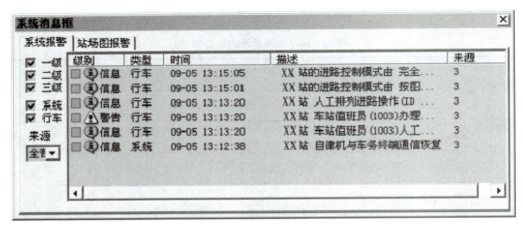

图 2-71　报警信息窗口

2）车站网络状态查询操作说明

通过设置在微机室工控机柜里面的电务维护机可以查询车站网络状态信息。具体操作步骤如下：

（1）进入电务维修机桌面，找到桌面上的"newmmi 快捷方式"，如图 2-72 所示。

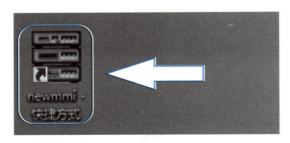

图 2-72　车站网络状态查询图标

（2）将鼠标移至桌面"newmmi 快捷方式"，双击"newmmi 快捷方式"图标打开程序界面，并依次单击程序界面左侧分支结构（如图 2-73 中箭头所指位置），展开本站网络状态监视图。

在网络状态监视图中，连接线为绿色表示网络通信状态正常，连接线为红色表示网络通信状态异常。

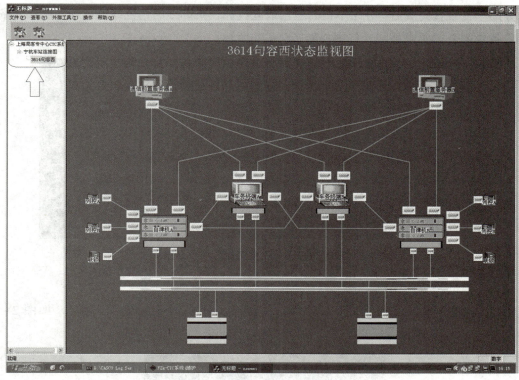

图 2-73　车站网络状态监视图

3）设置与取消分路不良操作说明

（1）设置分路不良操作。

① **左键操作方式**：选择"分路不良"按钮（如图 2-74 所示）。然后选择站场图上的道岔或区段。如果选择的是道岔，在此操作方式只能设置岔前分路不良。

② **右键操作方式**：用鼠标右击道岔或区段，弹出分路不良设置菜单，如图 2-75 所示。在此菜单中根据实际情况为道岔设置分路不良。

图 2-74　"分路不良"按钮

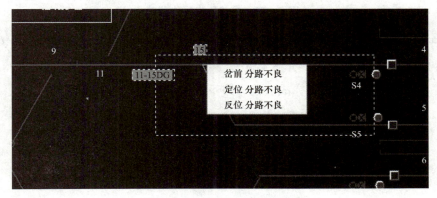

图 2-75　分路不良设置菜单

分路不良设置完成后，分路不良的道岔或区段被一条细细的白色线或者粉色线（分路不良颜色各集团公司要求不同）包围，如图2-76所示。

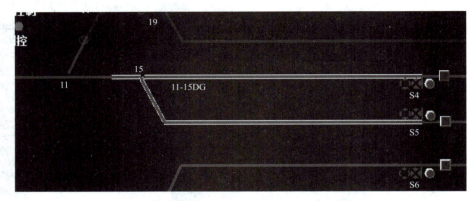

图2-76　分路不良设置完成后的界面显示

（2）取消分路不良操作。

① 用鼠标右击已设为分路不良的道岔或区段，弹出分路不良操作菜单，如图2-77所示。

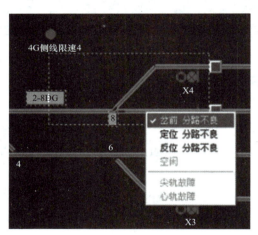

图2-77　分路不良操作菜单

② 对于已设置分路不良的道岔或区段，其前面带有"√"，如图2-77中的"√ 岔前 分路不良"。将鼠标移至"√ 岔前 分路不良"，并用鼠标左键单击，弹出如图2-78所示的提示框，单击"确定"按钮，即可完成取消分路不良操作。

图2-78　取消分路不良提示框

4）车站调监信息回放操作说明

通过设置在微机室工控机柜里面的电务维护机可以回放车站调监信息。具体操作步骤如下：

（1）单击"工具"菜单，出现下一级菜单，选择其中的"站场图回放"命令，如图 2–79 所示。

（2）用鼠标左键单击"站场图回放"后，弹出如图 2–80 所示的对话框。

图 2–79　站场图回放

图 2–80　设置回放时间段

（3）输入开始时间和结束时间，时间差不能超过 2 h。单击"回放"按钮后开始下载回放文件，下载成功后则出现回放控制窗，如图 2–81 所示。

图 2–81　回放控制窗

此时站场图显示进入回放状态，即站场图上显示的画面为回放时刻的画面。

2. 车站设备日常巡检及测试

本部分内容为选学内容，可能与站段管理要求有所出入，仅作参考。具体以各集团公司实际文件要求为准。TDCS 3.0 设备巡检及测试内容如表 2–17 所示。

表 2－17　TDCS 3.0 设备巡检及测试内容

项目	作业流程	工作内容及标准	作业方法	备注
作业过程	检查系统	TDCS 3.0 系统设备灯无异常状态； TDCS 3.0 系统运行正常； TDCS 3.0 系统设备无异常发热情况； 处理 TDCS 3.0 电务维修机的报警信息	观察 TDCS 3.0 系统设备灯显示； 通过电务维修机查看车站设备网络连接状态； 处理电务维修机界面报警信息； 检查 TDCS 3.0 系统硬件设备有无异常过热； 询问车站值班人员，系统各功能的使用是否正常	

3. 车站设备季度巡检及测试

车站设备季度巡检测试内容如表 2－18 所示。

表 2－18　车站设备季度巡检测试内容

项目	作业流程	工作内容及标准	作业方法	备注
作业前准备	仪表、料具准备	通信工具、仪表、毛刷、抹布、吹风机、网线钳、RJ45 水晶头、网线		
作业过程	检查综合处理机、车务终端、电务维护终端、信号员终端、车站服务器	（1）检查显示器视屏线、电源线，应插接牢固； （2）检查工控机电源线、网线、视频线，应插接牢固； （3）检查综合处理机电源线、网线及 422 通信线，应插接牢固； （4）检查打印机网线、电源线，应插接牢固； （5）检查车站服务器网线、电源线，应插接牢固； （6）检查数据共享存储设备网线、电源线，应插接牢固	现场检查	
	检查网络设备	（1）检查路由器电源线、网线或其他通信线，应插接牢固； （2）检查交换机电源线、网线或其他通信线，应插接牢固	现场检查	
	检查电源	（1）检查 UPS 电源线、主机与电池连接线，应插接牢固； （2）检查机柜输入电源的电源线、机柜内电源端子上各电源线缆，应插接牢固	现场检查	

续表

项目	作业流程	工作内容及标准	作业方法	备注
作业过程	检查采集设备	（1）检查采集机笼电源线、422 通信线、区间信息采集线，应接触牢固；（2）检查 DIB 板面板上通信状态表示灯显示是否正常	现场检查	
	设备清扫除尘	（1）工控机、显示器、打印机、音箱除尘清扫，路由器、交换机、UPS、采集机笼应清洁无灰尘；（2）对工控机进行一次磁盘碎片清理	现场实施	
作业过程	检查综合处理机电源模块输出电压	检查综合处理机电源模块输出电压，正常电压范围为 4.85～5.15 V	用数字万用表直流电压挡测量电源板 +5 V 与 GND 测试孔之间的电压	
	检查其他电源	检查 220 V 交流电源，正常电压范围为 209～231 V	用数字万用表交流电压挡进行测量	
	其他	本期巡检包含日常巡检内容	同日常巡检	

4. 车站设备半年巡检及测试

车站设备半年巡检测试内容如表 2-19 所示。

表 2-19   车站设备半年巡检测试内容

项目	作业流程	工作内容及标准	作业方法	备注
作业前准备	仪表、料具准备	通信工具、仪表、毛刷、抹布、吹风机、网线钳、RJ45 水晶头、网线		
作业过程	UPS 充放电	（1）测试目的：测试 UPS 及电池是否正常，延长 UPS 电池寿命；（2）测试内容：进行 UPS 放电试验，测试 UPS 持续供电能力	A、B 系电源分开测试：（1）断开 UPS 输入电源，UPS 发出"嘀嘀"声音报警，UPS 开始放电；（2）当 UPS 前面板电池指示灯到第三格（正常放电时间应不少于 8 min）时，重新连接 UPS 输入电源，UPS 开始充电。注意：UPS 异常或无输出时，应立即恢复。随时间推移，UPS 可能出现电池老化等问题，测试时需仔细观察 UPS 面板电池容量，电池容量不足时应立即恢复输入电源	UPS 充放电测试和 ATS 切换测试应在天窗点内进行

续表

项目	作业流程	工作内容及标准	作业方法	备注
作业过程	ATS 电源切换	（1）测试目的：测试 ATS 电源切换器是否正常； （2）测试内容：测试系统能够满足电源屏直供电与 UPS 供电间的正常切换，切换过程中及切换后系统内负载设备无断电情况	（1）确认 UPS 工作正常，按压 ATS 切换器 Preference 按钮，查看 ATS 面板是否切换至 B 路输出，且切换过程中无设备断电发生； （2）测试完成后重新按压 ATS 切换器 Preference 按钮，查看 ATS 面板是否切换至 A 路输出，且切换过程中无设备断电发生。 注意：双系电源应该分开测试	UPS 充放电测试和 ATS 切换测试应在天窗点内进行
	其他	本期巡检包含季度巡检内容	同季度检查	

5. 车站设备年度巡检及测试

车站设备年度巡检及测试内容如表 2-20 所示。

表 2-20　车站设备年度巡检及测试内容

项目	作业流程	工作内容及标准	作业方法	备注
作业前准备	仪表、料具准备	通信工具、仪表、毛刷、抹布、吹风机、网线钳、RJ45 水晶头、网线、数字万用表、摇表		
作业过程	检查系统性能	重启工控机、路由器、交换机、综合处理机	（1）按照正常关机流程关闭工控机，30 s 后再开机； （2）关闭路由器、交换机、综合处理机电源，10 s 后再打开电源	
	检查备品备件性能	测试验证备品备件性能是否正常	用备品备件替换正在使用的设备（替换方法参考 3.5.4 节） （1）观察车务终端界面是否与换备品之前一致，无异常显示； （2）系统各项基本功能（车次跟踪、调度命令签收及打印、阶段计划签收及打印、列车踩点功能）正常	

续表

项目	作业流程	工作内容及标准	作业方法	备注
作业过程	综合处理机切换试验	综合处理机热备测试，确保综合处理机单机故障时能够正常切换	综合处理机切换测试需要在天窗点内进行，切换前观察综合处理机的主备状态，热备板开关应处于"自动"位置。按照以下两种方法进行测试： （1）将热备板开关扳动至备系侧，此时综合处理机备系能转换为主机，站场图显示正常。测试完成后将热备板开关扳至"自动"位置； （2）关闭主系综合处理机 CCU 板，综合处理机应能自动切换至备系，将其转作主系综合处理机，站场图显示正常。测试完成后开启主系综合处理机，恢复正常状态	
	其他	本期巡检包含半年巡检内容	同半年检查	

2.5.4　车站 TDCS 硬件设备更换

本节仅介绍主要设备的更换方法，如显示器、长线驱动器等可以直接更换的简易设备，本节未介绍更换方法。

注意：TDCS 3.0 机柜配有防静电手环。维护人员在更换机柜设备前应佩戴防静电手环且手环内的金属块与人体皮肤接触良好。佩戴完毕后，将连接线的鳄鱼夹夹到设备地上或专用手环接地点。

1. 综合处理机更换

1）整机更换

拆卸综合处理机上架固定螺丝（如图 2-82 中圆圈所示），并将综合处理机后面板配线拆除（如图 2-83 所示）。

图 2-82　需要拆卸的螺丝

图 2-83　需要拆除的线缆

将新综合处理机上架固定，并按照原有线缆上的标签连接综合处理机后面板配线。

2）电源模块更换

（1）将 PWU 前面板电源开关拨向 OFF，关闭 PWU_R 面板电源开关，电源板断电。

（2）用螺丝刀将固定电源板的螺丝拧开，按压电源板黑色助拔器上的红色按钮并拔出 PWU 模块，将新 PWU 模块插入原插槽。

（3）先开启电源模块 PWU_R 面板电源，再开启 PWU 前面板电源开关，确认综合处理机工作状态。

3）更换 CCU 前面板

（1）先用螺丝刀将固定模块的四个螺钉（如图 2-84 中圆圈所示）拧开。需要特别注意的是，箭头所指圆圈处的螺钉，一定要记得拧开。若此处螺钉未拧开而强行向外拉出模块，则会损坏板卡和模块助拔器。

（2）待螺钉拧开后，用手指用力按下模块下端的黑色助拔器上的红色按钮，直到红色按钮不再弹起，如图 2-85 所示。

图 2-84　CCU 前面板

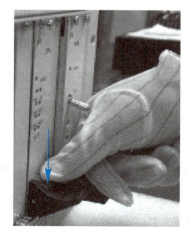

图 2-85　按下助拔器上的红色按钮

（3）用另一只手按压黑色助拔器边缘（如图 2-86 所示），当听到"咔"的一声时，模块与箱体以及背板脱离（如图 2-87 所示），此时助拔器也被按压到极限位置。

图 2-86　按压黑色助拔器边缘　　　　图 2-87　模块与箱体以及背板脱离

（4）用手缓慢地将模块沿导轨拉出。注意，在水平拉出模块时，必须用两只手，一定要缓慢。另外，模块上有些元器件有一定的高度，在向外拉出模块时，为避免器件与旁边固定挡板发生碰撞而造成损坏，要将移出模块偏移微小角度（但不可偏离导轨）移出，如图 2-88 和图 2-89 所示。

图 2-88　沿导轨拉模块

图 2-89   以一定角度拉模块

（5）将备品 CCU 前面板模块缓慢地沿导轨推入对应槽位。注意，在推入过程中，若模块上有部分器件高于面板，应使模块稍作倾斜，但不可偏离导轨，如图 2-90 所示。

图 2-90   将备品推入对应槽位

（6）将模块沿导轨推入，直至感觉受阻，此时模块面板大致与机箱齐平，如图 2-91 所示。

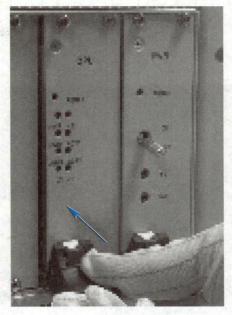

图 2-91　模块面板大致与机箱齐平

　　（7）继续缓慢推入模块，若发现用力仍无法推入，则背板插针可能已弯曲，须拔出模块检查，若背板插针确实弯曲，则需与模块的客户服务部联系；若用力后可以顺利推入模块，则在推入模块的同时对助拔器边缘向上用力，使背板的 CPCI 插针与模块上的 CPCI 接口插座形成良好接触，如图 2-92 所示。

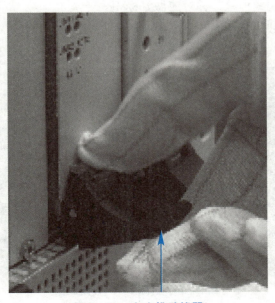

图 2-92　向上推助拔器

（8）对助拔器向上用力，使背板 CPCI 插针缓慢、平稳、准确地插入模块插座（此时模块面板与机箱面板完全齐平），会听到"咔"的一声，助拔器上的红色按钮弹起，模块被固定，如图 2-93 所示。

图 2-93　红色按钮弹起

（9）拧紧固定模块的 4 个螺钉。

（10）启动综合处理机，确认其工作正常。

4）CCU_R 走线板更换

（1）关闭综合处理机电源，然后用螺丝刀将模块对应的 COM1 串口、电源输入插口和 LAN1/LAN2 网络端口配线拆除，并对应做好标识。

（2）将 CCU_R 走线板拆除，如图 2-94 所示。

图 2-94　拆除 CCU_R 走线板

（3）用力按压 CF 卡退出按钮，将 CF 卡从模块中拆除。CF 卡如图 2－95 所示。

反面

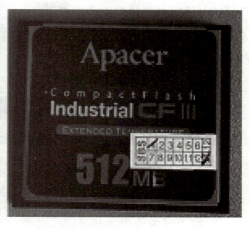

正面

图 2－95　CF 卡

（4）将第（3）步中拆除的 CF 卡，按照图 2－96 所示方向，对准至备用 CCU_R 走线板中 CF 卡安装槽道和插口，轻轻用力将 CF 卡推入，到位后 CF 卡退出按钮会自动弹出。

图 2－96　推入 CF 卡

（5）将备用 CCU_R 走线板安装至综合处理机机箱中。

（6）用螺丝刀将模块对应的 COM1 串口、电源输入插口和 LAN1/LAN2 网络端口配线安插牢靠，并紧固。

（7）重新开机，启动综合处理机，确认故障解决。

2. 路由器更换

1）路由器模块更换

（1）将机柜后门打开，按压路由器的电源开关至 O 侧（如图 2－97 所示），将故障的路由器关闭。

路由器电源开关

图 2－97　关闭故障路由器

（2）将路由器模块上插接的通信线缆（网线、尾纤、RJ45 线缆）拔出，并做好防护。注意，尾纤插头（如图 2－98 所示）拔出后应带上护套，以免插头损坏或受污而影响通信，并做好收发标记。

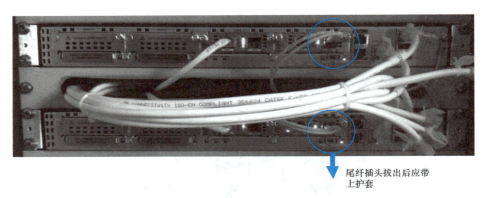

尾纤插头拔出后应带上护套

图 2－98　尾纤位置

（3）将固定路由器模块的两个螺丝拆卸，如图 2－99 所示，然后将需要更换的路由器模块拔出。

图 2－99　固定路由器模块螺丝的位置

（4）将新的路由器模块插入对应的槽位中，然后将固定路由器模块的螺丝拧紧。

2）整机更换

（1）将机柜后门打开，按压路由器的电源开关至 O 侧，将故障的路由器关闭。

（2）将路由器后面的电源线拔掉，将路由器前面板的通信线缆（网线、尾纤、RJ45 线缆）拔出，并做好防护。注意，尾纤插头拔出后应带上护套，以免其因损坏或受污而影响通信。

（3）拆卸固定路由器的 4 个螺丝（如图 2-100 所示），然后将故障的路由器从机柜中取出。

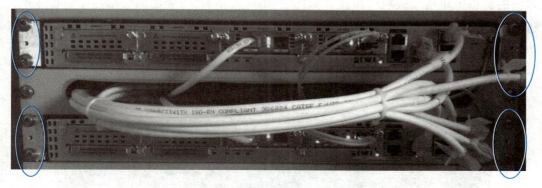

图 2-100　固定路由器的螺丝位置

（4）取出新的路由器，安装新路由器两端的固定支架，然后将新路由器通过固定支架安装到机柜上（安装位置与更换下来的路由器一致），并将 4 个螺丝拧紧。

（5）参考路由器模块更换步骤，将路由器模块插入新的路由器对应的槽位中，然后拧紧螺丝，固定路由器模块。

（6）恢复路由器前后所有线缆（电源线、通信线缆）的连接，确保按照线缆标签上的标识去插接对应的端口，并确保线缆插接牢固可靠。

（7）按压路由器的电源开关至"—"侧，路由器上电启动。

以上步骤完成后，应对更换的新路由器进行重新配置，该工作由专业技术人员负责完成。

3. 交换机更换

（1）将机柜后门打开，由于交换机没有电源开关，所以可直接拔掉电源线进行关机。

（2）将交换机前面板网口中插接的网线拔掉，并拆卸固定交换机的 4 个螺丝，然后将故障的交换机从机柜中取出。

（3）取出新的交换机，安装新交换机两端的固定支架，然后将新交换机通过固定支架安装到机柜上（安装位置与更换下来的交换机一致），并将 4 个螺丝拧紧。

（4）恢复交换机前后所有线缆（电源线、网线）的连接，确保按照线缆标签上的标识去插接对应的端口，并确保线缆插接牢固可靠。

（5）交换机后面的电源线插接上去后，交换机即上电启动，启动后应观察交换机前面板的状态指示灯是否显示正常，交换机各网络端口状态是否显示正常。

4. 值班员终端更换

值班员终端故障后需进行整机更换，整机更换前需提前关闭设备电源，并拔出工控机后面板线缆，拆卸机柜上架螺丝，并将新机器上架固定后连接好线缆，进行开机测试。步骤如下：

（1）关闭计算机主机。在运转室值班员使用的键盘上同时按压 Ctrl+Alt+Delete 3 个键，在弹出的窗口中单击"关机"按钮（如图 2-101 所示），在弹出的对话框中单击"确定"按钮。

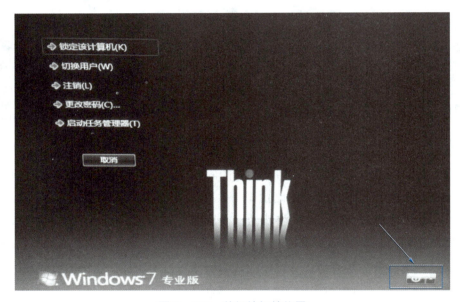

图 2-101　关机按钮的位置

（2）当主机关闭后（此时显示器界面上没有任何显示，处于"黑屏"状态），即可拔掉工控机后面插接的电源线，然后再拔掉工控机后面的其他线缆（视频连接线、网线）。

（3）拆卸固定工控机的 4 个螺丝，然后将故障的工控机从机柜中取出。

（4）将新的工控机安装到机柜上（安装位置与更换下来的工控机一致），并将 4 个螺丝拧紧。

（5）恢复工控机前后所有线缆（电源线、网线）的连接，确保按照线缆标签上的标识去插接对应的端口，并确保线缆插接牢固可靠。

（6）工控机后面的电源线插接上去后，工控机即上电启动，启动后应通过运转室的显示器观察计算机主机是否已正常运行。

5. DIB 更换

1）4 位拨码选择开关

DIB 更换时需注意，DIB 板型号和内部拨码应与故障 DIB 板一致。

DIB 板拨码选择开关一共有 4 位，新板的每一位都拨到下位，如图 2-102 所示。

图 2-102　DIB 板内部拨码位置

一般设置有 4 位拨码选择开关，其拨码按照 8421 码顺序进行。将拨码选择开关拨至上位则置"1"，拨至下位则置"0"。如第一块 DIB 板，通常设置为"0000"，第二块 DIB 板则设置为"0001"，第三块 DIB 板设置为"0010"，依次类推，顺序完成 DIB 板地址拨码选择。

2）更换过程

（1）将采集机笼的电源板开关拨向 OFF（向下拨），电源板断电。

（2）用螺丝刀将固定 DIB 板的螺丝拧开，双手拔出 DIB 板，将新 DIB 板（拨码已经完成）插入原 DIB 板插槽。

（3）开启电源面板开关，确认 DIB 板工作状态。

6. 打印机更换

打印机更换仅需要通过 LCD 控制面板手动设置打印机 IP 地址即可，具体步骤如下：

（1）在控制面板上单击"OK"按钮。

（2）使用箭头按钮"＞"或"＜"选择"网络设置"选项，然后单击"OK"按钮。

（3）使用箭头按钮"＞"或"＜"选择"TPv4 配置方法"选项，然后单击"OK"按钮。

（4）使用箭头按钮"＞"或"＜"选择"手动"选项，然后单击"OK"按钮。

（5）使用箭头按钮"＞"或"＜"选择目标 IP 地址，然后单击"OK"按钮逐一确认，依次完成 IP 地址、子网掩码和默认网关的设定。

2.5.5　故障处理

1. 故障处理流程

TDCS 设备发生故障后，可以根据故障处理流程来查找故障，本节重点介绍故障处理流程，以流程图的方式呈现。

（1）故障处理主流程图（如图 2－103 所示）。

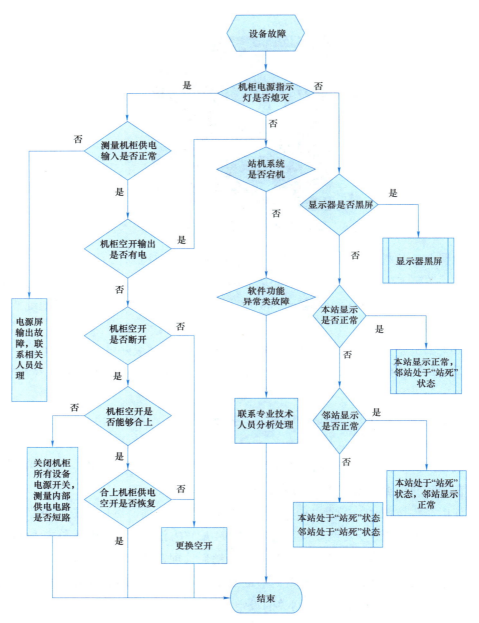

图 2－103　故障处理主流程图

（2）显示器黑屏故障处理流程（如图 2-104 所示）。

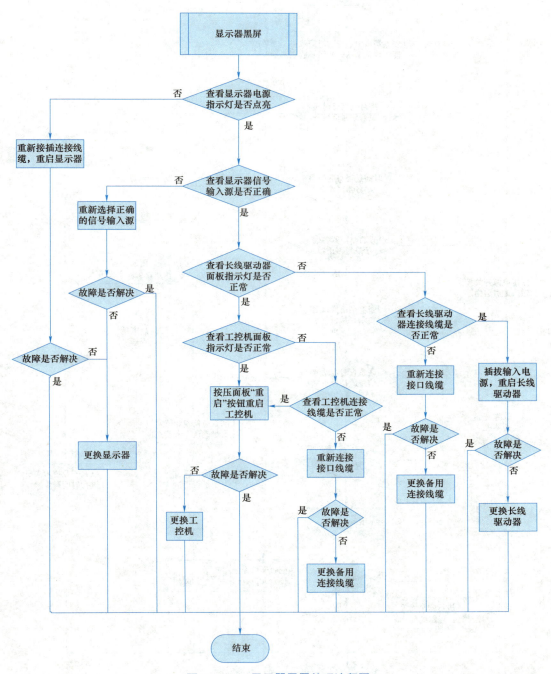

图 2-104　显示器黑屏处理流程图

（3）"邻站处于'站死'状态，本站显示正常"故障处理流程（如图2－105所示）。

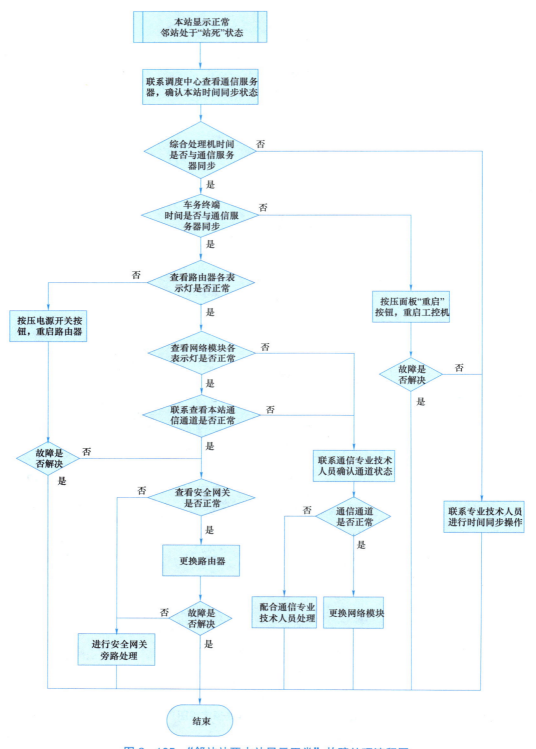

图2－105 "邻站站死本站显示正常"故障处理流程图

（4）"本站处于'站死'状态，邻站显示正常"故障处理流程（如图 2-106 所示）。

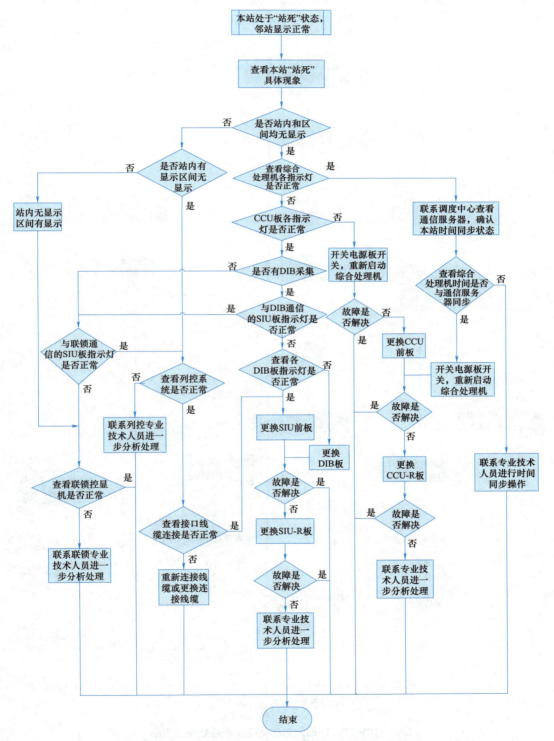

图 2-106　"本站站死邻站显示正常"故障处理流程图

（5）"本站处于'站死'状态，邻站处于'站死'状态"，故障处理流程（如图 2-107 所示）。

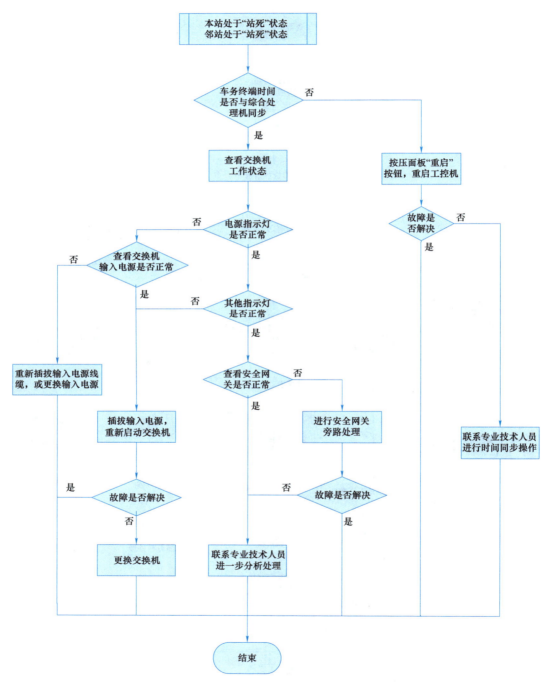

图 2-107 "本站站死邻站站死"故障处理流程图

（6）打印机故障处理流程（如图 2-108 所示）。

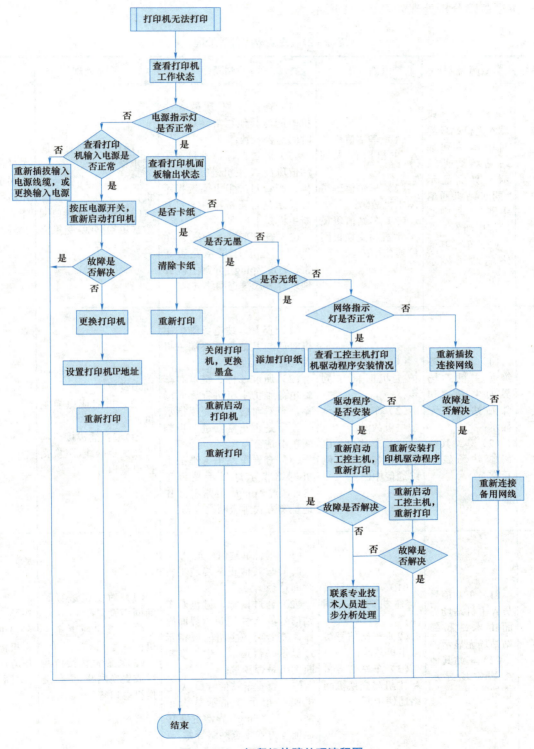

图 2-108　打印机故障处理流程图

2. 主要故障分析处理

主要故障分析处理如表 2-21 所示。

表 2-21　主要故障分析处理

序号	故障现象	原因分析	故障判断	故障处理	备注
1	（1）车站值班员 A 主机站场界面中本站和邻站站场均无显示，界面显示"同步站机通信中断""与中心通信中断"； （2）车站其他终端站场显示正常	（1）车站值班员 A 主机时间未同步； （2）车站值班员 A 主机故障； （3）车站值班员 A 主机与交换机网络通信中断	（1）查看车站值班员 A 主机时间与其他正常终端主机时间是否一致； （2）通过鼠标、键盘对车站值班员 A 主机进行界面操作，查看对应主机面板指示灯显示是否正常，进一步判断主机是否异常； （3）查看车站值班员 A 主机网络指示灯显示是否正常，通过"ping"异常主机 IP 地址等方式排查网络异常	（1）对主机进行时间同步设置； （2）重启或更换主机； （3）重新插拔接口网线或更换网线，更换交换机端口等	车站值班员 B 主机操作方法类同
2	（1）车站电务维护主机站场界面中本站和邻站站场均无显示； （2）车站其他终端站场显示正常	（1）车站电务维护主机时间未同步； （2）车站电务维护主机故障； （3）车站电务维护主机与交换机网络通信中断	（1）查看车站电务维护主机时间与其他正常终端主机时间是否一致； （2）通过鼠标、键盘对车站电务维护主机进行界面操作，查看对应主机面板指示灯显示是否正常，进一步判断主机是否异常； （3）查看车站电务维护主机网络指示灯显示是否正常，通过"ping"异常主机 IP 地址等方式排查网络异常	（1）对主机进行时间同步设置； （2）重启或更换主机； （3）重新插拔接口网线或更换网线，更换交换机端口等	
3	（1）车站信号员 A 主机站场界面中本站和邻站站场无显示； （2）车站其他终端站场显示正常	（1）车站信号员 A 主机时间未同步； （2）车站信号员 A 主机故障； （3）车站信号员 A 主机与交换机网络通信中断	（1）查看车站信号员 A 主机时间与其他正常终端主机时间是否一致； （2）通过鼠标、键盘对车站信号员 A 主机进行界面操作，查看对应主机面板指示灯显示是否正常，进一步判断主机是否异常； （3）查看车站信号员 A 主机网络指示灯显示是否正常，通过"ping"异常主机 IP 地址等方式排查网络异常	（1）对主机进行时间同步设置； （2）重启或更换主机； （3）重新插拔接口网线或更换网线，更换交换机端口等	车站信号员 B 主机操作方法类同

续表

序号	故障现象	原因分析	故障判断	故障处理	备注
4	（1）车站全部终端站场画面中本站、邻站站场均无显示；（2）电务维护终端网络连接刷新显示为"断开"状态	本站交换机异常	查看交换机工作是否正常	重新启动交换机或用备用交换机更换	
5	（1）车站值班员A机站场界面中本站站场无显示，邻站显示正常；（2）车站其他终端站场显示正常	综合处理机与车站值班员A机通信异常	（1）查看综合处理机软件配置是否正确；（2）查看车站值班员A机配置是否正确；（3）查看防火墙策略是否正常	联系软件技术人员配合分析、处理	值班员B机、信号员机故障分析、处理与此类同
6	（1）车站值班员A机、B机和信号员终端站场界面中本站站场无显示，邻站显示正常；（2）电务维护机、车务终端文本报警"车务终端与综合处理机通信中断"	（1）综合处理机时间未同步；（2）综合处理机主机故障；（3）综合处理机与交换机网络通信中断	（1）查看综合处理机的时间是否与车务终端一致；（2）查看综合处理机各面板指示灯显示是否正常；（3）通过ping综合处理机IP地址、查看交换机端口状态等方式排查是否有网络异常	（1）对综合处理机时间进行同步设置；（2）重启或更换异常板件等；（3）重新插拔接口网线或更换网线，更换交换机端口等	综合处理机故障分析、处理与此类同
7	（1）车站值班员A机、B机和信号员终端站场界面中本站站场无显示，邻站显示正常；（2）电务维护机、车务终端文本报警"综合处理机与联锁**机通信中断"	综合处理机与联锁控显机通信异常	（1）查看联锁控显机是否异常；（2）查看综合处理机与联锁控显机接口线缆是否有断线、接口是否有松动等；（3）查看综合处理机与联锁控显机通信SIU板件是否异常	（1）参考联锁系统维护内容进行处理；（2）接插各接口、更换备用通信线缆等；（3）更换备用板件	

序号	故障现象	原因分析	故障判断	故障处理	备注
8	（1）车站值班员A机、B机和信号员终端站场界面中本站站场无显示，邻站显示正常；（2）电务维护机、车务终端文本报警"综合处理机与采集板（**）通信中断"	综合处理机与DIB采集板通信异常	（1）查看采集机笼各DIB板件是否异常；（2）查看对应接口线缆是否有断线、接口是否有松动等；（3）查看综合处理机与DIB采集机笼通信COM板件是否异常	（1）更换备用DIB板件；（2）接插各接口、更换备用通信线缆等；（3）更换备用综合处理机板件	
9	车站值班员A机、B机和信号员终端站场界面中本站站场显示正常，邻站无显示	（1）邻站设备异常；（2）与邻站或调度中心通信通道异常；（3）本站网络设备异常	（1）及时联系邻站（调度中心）确认；（2）查看网管图，确认通道连接是否正常；（3）查看路由器、防火墙设备工作是否正常	（1）配合邻站进行处理；（2）配合处理通信通道；（3）更换备用设备、防火墙临时旁路处理等	
10	邻站或本站站场图存在"闪断"显示状态	（1）车站通信通道存在"丢包"现象；（2）车站防火墙设备异常；（3）车站路由器或模块异常	（1）查看网管拓扑图状态，并与通信专业技术人员及时联系确认；（2）查看车站安全网关系统设备运行状态，通过ping、旁路方式进一步处理；（3）查看路由器（含模块）运行情况，可通过通信侧环路方式确认设备是否正常	（1）配合通信技术人员处理、确认；（2）旁路处理，同时联系专业技术人员进一步分析、处理；（3）重新启动或更换备用设备	
11	调度命令、行车日志无法打印	（1）打印机异常；（2）打印机与交换机网络通信中断；（3）工控主机驱动未加载成功	（1）查看打印机面板指示灯显示是否正常；（2）查看交换机、打印机网络连接端口指示灯是否正常；（3）查看主机驱动是否正常安装	（1）接插各接口、更换备用通信线缆等；（2）重新加载驱动软件	
12	车务终端显示器黑屏，无输出	（1）接口线缆断线或接口松动；（2）长线驱动器异常；（3）显示器异常；（4）工控主机异常	（1）查看、测试接口线缆是否正常；（2）查看、确认长线驱动器是否正常；（3）查看、确认显示器工作是否正常；（4）查看工控主机工作是否正常	（1）重新接插接口或更换线缆；（2）重新启动或更换备用长线驱动设备；（3）重新启动或更换备用显示器设备；（4）重新启动或更换备用主机设备	

续表

序号	故障现象	原因分析	故障判断	故障处理	备注
13	无法接收阶段计划或调度命令	（1）工控主机与交换机网络通信中断； （2）与邻站或调度中心通信通道异常； （3）本站防火墙异常； （4）本站路由器（含模块）异常； （5）工控主机异常； （6）调度台设备工作异常	（1）查看、测试网络是否正常； （2）查看、测试通信通道是否正常； （3）查看安全网关系统是否正常； （4）查看路由器工作是否正常； （5）查看工控主机工作是否正常； （6）联系调度台确认其设备是否正常	（1）接插各接口，更换备用线缆； （2）配合处理通信通道问题； （3）旁路防火墙系统，同时联系专业技术人员处理； （4/5）重新启动或更换备用设备； （6）配合处理、确认功能试验	
14	（1）车站值班员 A 机、B 机和信号员终端站场界面中本站站场显示正常，邻站无显示； （2）行调台及各终端调监画面中该站站场无显示； （3）车站无法接收阶段计划和调度命令； （4）车站与邻站间车次无法跟踪，存在"假车次"报警提示； （5）调度中心网管拓扑中本站通道连接正常	（1）防火墙设备异常； （2）路由器至防火墙间接口、线缆异常； （3）防火墙至交换机间接口、线缆异常	（1）查看防火墙系统是否正常； （2）查看接口线缆是否有断线、接口是否有松动等	（1）旁路防火墙设备，同时联系专业技术人员处理； （2）接插各接口，更换备用线缆	
15	（1）车站值班员 A 机、B 机和信号员终端站场界面中本站站场区间信息无显示； （2）车站终端报警"列控通信中断"	综合处理机与列控系统接口通信中断	（1）查看列控系统是否正常； （2）查看综合处理机与列控系统接口线缆是否有断线、接口是否有松动等； （3）查看综合处理机与列控系统通信 SIU 板件是否正常	（1）参考列控系统维护内容进行处理； （2）接插各接口、更换备用通信线缆等； （3）更换备用板件	

续表

序号	故障现象	原因分析	故障判断	故障处理	备注
16	车站车务终端报警"列控驱采不一致"	列控系统接口转送报警输出	查看列控系统是否正常	参考列控系统维护内容进行处理或联系列控系统专业维护人员处理	
17	车站车务终端报警"综合处理机与热备综合处理机通信中断"	综合处理机主机与备机间通信异常	（1）查看综合处理机与双机切换板间接口线缆是否有断线、接口是否有松动等；（2）综合处理机 CCU 板 COMA 端口异常；（3）综合处理机双机切换板异常	（1）接插各接口、更换备用通信线缆等；（2/3）更换备用板件	
18	（1）ATS 切换器面板"Input"A 指示灯未点亮；（2）UPS 面板指示灯显示正常	（1）A 路无电源输入；（2）ATS 切换器异常	（1）测量 A 路输入电源端子电压是否正常，电源接口是否松动，输入线缆是否有断线；（2）查看 ATS 切换器是否正常	（1）重新接插接口或更换断线线缆；（2）更换 ATS 切换器设备	
19	ATS 切换器面板"Input"B 指示灯未点亮	（1）B 路无电源输入；（2）ATS 切换器异常	（1）测量 B 路输入电源端子电压是否正常，电源接口是否松动，输入线缆是否有断线；（2）查看 ATS 切换器是否正常	（1）重新接插接口或更换断线线缆；（2）更换 ATS 切换器设备	
20	UPS 面板指示灯显示异常或蜂鸣器报警	（1）UPS 无输入电源，UPS 处于电池供电状态；（2）UPS 异常	（1）查看 UPS 面板指示灯状态；（2）测试 UPS 输入电源电压是否正常	（1）提供外电正常输入电源；（2）更换 UPS 设备	
21	音箱无声音输出	（1）音箱故障；（2）音频连接线松动；（3）长线驱动器异常；（4）连接主机异常	（1）查看音箱工作状态；（2）查看接口线缆是否断线、接口是否有松动等异常；（3）查看长线驱动器工作是否正常；（4）查看连接主机是否正常	（1）更换音箱；（2）重新接插接口或更换断线线缆；（3）更换备用长线驱动器设备；（4）重启或更换主机板件等	
22	非列控区段区间信号机或区间轨道未显示对应灯光或占用状态	（1）区间信号采集点异常；（2）DIB 采集板故障	（1）测量采集机笼面板对应信号点电压是否正常；（2）查看 DIB 板面板状态是否正常	（1）更换对应的采集线缆并确保端子接线可靠；（2）更换备用 DIB 板件	
23	列控区段区间信号机或区间轨道未显示对应的灯光或占用状态	列控接口传送信息有误	查看列控系统侧对应设备工作状态是否正常	联系专业技术人员分析、处理	

2.5.6　车站 TDCS 系统使用注意事项

车站 TDCS 系统是 TDCS 系统的重要组成部分，系统的使用将对铁路车站行车指挥带来巨大的变革。因此，为保证系统可靠运用，使车站 TDCS 系统发挥出其应有的功能，提高车站行车指挥效率，车站值班员在具体使用这套设备时必须注意以下事项：

（1）车站计算机设备一般情况下是 24 h 运行，不允许随意关机。

（2）当显示器在开机使用一段时间全屏幕突然变黑时，值班员不必担心，这时只要移动一下鼠标或按动键盘上任意一个键就可以使显示画面又正常出现（原因是计算机在长时间没有操作的情况下，会进入到屏幕保护状态，保护计算机显示器）。

（3）当计算机由于不可预料的原因或操作系统的原因突然出现死机，或者是鼠标或键盘突然不能起作用时，值班员可以将计算机重新启动一次，这样系统就能正常工作了。

（4）车站 TDCS 系统开机后直接进入站间透明画面或运统报表画面，为保证系统可靠运行，绝对不允许值班员玩游戏。

（5）为保证计算机系统不受病毒感染，绝对不允许使用计算机上的软驱进行任何复制、粘贴操作。

（6）当计算机由于某种原因需要关机时，要按照车站 TDCS 系统使用说明书的步骤正常关机（同时按 Ctrl+Alt+Del），而不能直接关闭计算机电源来关机，因为直接关闭计算机电源会破坏计算机操作系统。

（7）显示器是由显示屏及电子器件构成的，需要特别注意保持显示器清洁，绝对不允许将水或任何其他液体倒入显示器中。

（8）键盘、鼠标是计算机的常用输入工具，计算机所有操作均离不开它们，因此要保持鼠标、键盘清洁，绝对不允许用力敲打键盘及鼠标，更不允许将其他东西（水或其他细小物件）倒入键盘中。

（9）鼠标在使用一段时间后（特别在灰尘较多环境），鼠标内会积累一定灰尘，需要定期将鼠标后盖打开清理鼠标内灰尘。

复习题

1. TDCS 是什么系统？主要功能有哪些？
2. 国铁集团调度中心 TDCS 有哪些主要设备？
3. 国铁集团调度中心 TDCS 有哪些功能？
4. TDCS 的网络体系结构分为哪几层？
5. 集团公司 TDCS 具备哪些功能？
6. 集团公司 TDCS 主要包括哪些设备？
7. 车站 TDCS 与计算机联锁、无线车次号、无线调度命令、集中监测数据传输接口是如何连接的？

  8. 网络集线器、路由器、协议转换器各起什么作用？

  9. 如何采集区间信号设备的信息？

  10. 车站基层网主要包括哪些设备？

  11. 车站基层网的主要功能有哪些？

  12. 车站分机采集 A、B 机如何倒机？

  13. 看不到本站的站场图应如何处理？看不到邻站的站场图应如何处理？

  14. 当网络不通时，如何通过协议转换器的状态来简单判断故障原因？

  15. 采集板故障需要更换时，应注意哪些问题？

项目 3

铁路调度集中系统维护

项目描述

调度集中（centralized traffic control，CTC），亦称列车集中控制。调度集中系统是调度中心（调度员）对某一调度区段内的列车和调车作业进行指挥和管理，通过联锁、列控、区间等信号设备，实现集中控制的铁路信号技术装备。

调度集中系统在保证自身运行安全的基础上，加强信息共享，实现信息资源整合和综合利用，为其他系统提供信息支持。分散自律是分布式人工智能和自动化领域的新概念，具体到铁路调度系统，是指车站与调度中心各自独立，自成体系，灵活组合，由高可靠性的双环网络结构连接在一起，可由调度中心通过给车站系统发命令的方式统一控制，也可由车站根据预定的规则和计划信息自动产生控制命令，还可由人工发布命令控制。

分散自律调度集中（FZ-CTC）系统则综合了计算机技术、网络通信技术和现代控制技术，采用智能化分散自律设计原则，在列车运行调整计划的基础上，识别列车作业与调车作业在时间上与空间上的冲突，实现列车和调车作业的统一控制。

教学目标

（1）了解 CTC 的网络体系结构。

（2）了解国铁集团、集团公司 CTC 系统的组成及作用。

（3）掌握车站子系统的结构、设备组成。

（4）学会对车站子系统设备进行维护及拆装。

（5）具备简单的故障处理能力。

任务 3.1　调度集中系统认知

▶ 工作任务

通过认知调度集中系统的发展历程，使学生了解分散自律调度集中的特点。

▶ 知识链接

3.1.1　调度集中系统概述

调度集中是集团公司调度中心（调度员）对某一调度区段内的信号设备进行集中控制、对列车运行直接指挥、管理的技术装备。

分散自律调度集中（FZ－CTC）是在 TDCS 系统的基础上，综合了计算机技术、网络通信技术和现代控制技术，采用智能化分散自律设计原则，以列车运行调整计划控制为中心，兼顾列车与调车作业的高度自动化的调度指挥系统。

调度集中系统具备分散自律控制和非常站控两种模式，在分散自律控制模式下进行进路自动和人工办理时，系统首先检查是否满足分散自律约束条件。调度集中系统应具备与集中联锁系统、列控系统、区间闭塞设备、铁路数字移动通信系统、相邻的调度集中/列车调度指挥系统、信号集中监测系统、无线调车机车信号和监控系统、运输信息集成平台等外部系统接口。车站子系统可根据各个车站的《车站行车工作细则》和实际行车状况进行自我检查。调度中心可远程查看车站各方面的信息，并可远程控制车站设备操作。车站可以在调度中心远程控制下工作，即使与调度中心断开，也可以自行保证安全。在各种控制方式下，均需要根据预定义的安全规则进行校核，确保自动化系统的动作是安全可控的。

3.1.2　调度集中发展史

1. 调度集中的国外应用

调度集中在国际上是各国铁路普遍采用的一种行车指挥技术装备，是铁路运输生产指挥现代化的重要手段，取得了很好的运用业绩。调度集中通过宏观大场面监控指挥，不但可以起到安全正点调控、提高铁路运输生产效率的作用，而且具有改善行车调度工作环境、提高劳动效率、减员增效的显著作用。因此，调度集中在世界各国得到了广泛的应用。日本调度集中营业里程占总营业里程的近 90%；美国一个调度集中中心的控制范围达到 7.2 万 km；法国高速铁路、加拿大和北美的重载运输，已经全部实现综合指挥调度；韩国也有 70%～80% 的铁路实现了调度集中控制，调度集中技术在国外相对比较成熟。

2. 调度集中的国内应用

我国调度集中的发展经历了漫长而曲折的过程：

1958 年，我国开始研制使用无接点元件构成的，选控逐验式频率电码化调度集中系统，1961 年春在沈阳—铁岭，1964 年冬在锦州—大虎山间进行了试验，该系统定名为 DD–1 型调度集中。1969 年 4 月在成都—燕岗间正式开通了 DD–1 型调度集中，系统运用了 10 年；1963 年在宝鸡—凤州间 91 km 的单线铁路上开通使用 DD–1 型调度集中。1966 年陇海线郑州—开封段 72 km 开通使用极性频率式调度集中，1974 年 6 月在开封—商丘段 131 km 区段开通使用 DD–2 型调度集中。

20 世纪 70 年代中期至 80 年代初期，我国开始使用中等规模集成电路器件和我国自主研制的 100 系列小型计算机，使用计算机自动控制列车进路和运行图的自动描绘，1982 年，在天津—芦台间完成全部功能试验，包括自动监督，记录列车车次号和运行状况，人工摇控办理进路、分区下放、进路储存、自动越行、计算机控制进路等，奠定了我国发展计算机化调度集中的基础。

20 世纪 90 年代，我国在引进美国调度集中的同时，中国铁路科学研究院通号所开始研制适合我国国情的 CTC 系统，采用微处理机技术的"D4 型调度集中"，同期国家重大技术装备科技攻关项目"D5 型调度集中"在大秦线安装调试完毕并开通使用。1992 年，铁道部为了探索在双线电化区段使用调度集中的优越性，几经论证后决定在郑州—武昌段引进美国 GRS 公司的微机化调度集中系统，但由于该系统功能不全，不能适应我国特殊的国情与路情的需求未能开通使用。1996 年，我国首次出口调度集中设备，在伊朗德黑兰市郊铁路安装开通了 D6 型调度集中系统。2003 年 10 月 12 日，秦沈客运专线 D6 型调度集中系统开通使用，这是我国第一条时速 200 km 的客运专线实施列车控制的新型信号系统。该系统充分利用了当时最先进的计算机技术、通信技术、网络技术，采用客户机/服务器方式，构成开放式、分布式的计算机网络，具有极高可靠性、可维护性、通用性和先进性等特点。

3.1.3　传统的调度集中系统存在的问题

1. 智能化程度不高

调度员不能摆脱老三件（一张纸、一支笔和一部电话），未能将调度员从烦琐工作中解脱出来，反而将车站值班员的既有工作内容转给了调度员，加大了调度员的工作强度。另外，它又摆脱不了对车站值班员的依赖，许多工作仍然依靠车站值班员完成，不能实现运输组织的根本变革。

2. 交放权频度过多

由于传统调度集中只负责列车的集中指挥和控制，对调车作业未采取任何技术措施，所以只要车站进行调车作业，就会出现中心控制权与车站控制权的交接问题，并且交放权手续繁杂，过程烦琐，不适应我国铁路路情，严重影响使用该系统的积极性。

3. 车次号技术问题

车次号是调度集中的基础信息，但传统的调度集中在列车车次号自动输入、自动校核、自动跟踪方面的技术问题没有得到完全解决，造成车次号丢失或车次号错误，影响调度集中系统的正常使用。

4. 可靠性水平低

传统调度集中基于当时的技术水平，存在技术落后、质量不高、故障频频发生等问题，再加上信号设备基础质量不高，使系统的可用度不高。系统经常停用，带来针对运用管理上的调度命令频发，增加了各级的工作量。因此，调度集中设备上道，各级运输生产指挥部门并没有感到益处，反而带来麻烦。

5. 无线通信手段不能满足要求

不同于传统的调度员—车站值班员—司机（车长）的运输组织模式，调度集中系统是基于调度所对列车进行集中指挥和调度管理的系统，是调度员对列车（司机）进行直接指挥与管理的工具。因此，必须保证调度中心对列车（司机）的直接指挥，必须保证调度员与司机直接良好的通信能力，但以往的无线列调在这一方面往往存在不足。

3.1.4　分散自律调度集中

1. 分散自律调度集中的诞生

2003 年，在经历秦沈线的建设后，中国铁路科学研究院首次提出解决列车作业矛盾的"基于分散自律式的调度集中系统"方案。该方案的核心是"将对列车作业有干扰的调车作业计划，分散纳入列车计划，适时自律实施控制"。这个方案一经提出即受到有关专家和铁道部高层领导的赞许，2003 年 6 月 28 日，在铁路跨越式发展研讨会上正式提出：积极发展新一代调度集中系统。至此分散自律调度集中宣告诞生。为我国调度集中的发展开创了一条崭新的途径。

2003 年 8 月 18 日，铁道部领导在全路电务跨越式发展工作会议上的讲话中提出："积极发展我国铁路新一代 CTC，以 DMIS 为平台，以 CTC 为核心，以行车指挥自动化为目标，构建我国铁路现代化的调度指挥管理系统，全面推动铁路运输调度指挥管理模式的变革，实现提高运输效率、保证行车安全、减员增效的目标。这是铁路跨越式发展的重要内涵之一，也是电务跨越式发展的首要任务。"这是我国铁路自新中国成立以来首次对建设调度集中重大作用的高度评价。

2. 分散自律调度集中的特点

调度中心的主要功能是集中控制列车进路、列车管理自动化和遥控化。调度员在调度中心根据列车运行情况办理列车调车作业，通过网络把列车运行计划和调整计划下发到各个车站的自律机去执行，在列车调整计划的基础上解决列车作业和调车作业在时间上和空间上的冲突。分散自律调度集中具有以下特点：

1）分散自律

分散自律就是以日班计划为依据，根据列车运行图，通过压缩停站时间、调整列车区间运行时分、变更越行站和会让站等方法，来人工或自动调整列车运行计划（包含股道信息）和中间站甩挂调车作业计划（计划层次），经批准后适时下达到所辖区段各个车站的车站自律机，由车站自律机自主自动执行。车站自律机在列车运行调整计划的基础上，按照自动选排列车进路的优先权及车次号、超限级别、列车长度、机车类型、股道有效长度、道岔弯股进路的最大允许速度等因素，自动生成列车进路指令（指令层次），车站自律机经过对进路指令的合法性、时效性、完整性和无冲突性的检查，依据列车运行调整计划、列车类型、区间闭塞类型、邻站发车时刻、区间运行时分、完整到达停稳、前行列车发车进入区间等条件，同时综合考虑信息处理时间、进路办理时间和列车的速度等因素，适时将进路指令转变为命令（命令层次），下传给车站联锁设备执行。因此，新一代分散自律调度集中系统实现了由列车运行调整计划自动生成列车进路的功能，实现了调度中心对列车的直接控制。

2）智能化

智能化就是通过具有故障—安全性能的高可靠性的计算机软硬件技术，对铁路运输生产过程中的调度指挥工作流程进行优化处理，由计算机控制程序达到运输组织的智能化目标，最大限度地将行车人员从烦琐的工作及运输安全生产的压力下解放出来。该系统在 DMIS 的基础上，实现了列车运行计划自动调整、实绩运行图自动描绘、可视调度命令下达、实时监视列车运行、列车自动报点、车站列车和调车作业监控、车次号跟踪与无线车次号校核、运行日志自动生成等功能，极大地提高了工作效率，以适应不断增长的运输要求。

3）两种控制模式

分散自律调度集中系统在信号设备控制与行车指挥方式上仅设有分散自律控制与非常站控两种模式。其中，分散自律控制模式是用列车运行调整计划自动控制列车运行进路，同时在分散自律条件下调度中心具备人工办理列车进路、调车进路的功能，车站具备人工办理调车进路的功能。分散自律控制模式不涉及调度中心与车站控制权的转换。非常站控模式是指当调度集中设备故障、发生危及行车安全的情况或设备天窗维修、施工时，由车站人员采用带计数器的非自复式铅封非常站控按钮或开关在车站进行操作，系统脱离分散自律控制，转为车站人工控制的模式。非常站控模式为车站人工控制模式，调度中心不具备直接控制权，系统完好时应具备 DMIS 功能。由此看出，分散自律调度集中系统在正常工作时不需要控制权转换，不会经常出现调度中心与车站控制权交接问题，保证了系统的正常使用，提高了行车人员的工作效率和使用设备的积极性。

4）兼顾调车作业

分散自律调度集中系统将调车作业也纳入分散自律约束管理，解决了无人车站调车作业的集中控制问题，其分散自律控制下的调车作业有按计划自动执行和人工直接控制执行两种方式。人工直接控制执行方式的调车进路采用一钩（一条进路）一办，按计划自动执行方式是根据调车作业计划自动办理调车进路。原则上，无人车站的调车作业由调度中心办理，有人车站的调车作业由车站办理。两种调车作业方式均纳入列车运行调整计划约束管理，但原则是调车作业不得干扰列车按图运行。分散自律控制模式的调车作业，在办理与列车运行调整计划相关的调车进路时，均应人工输入钩作业预计时分，否则不能办理。分散自律调度集中系统应能根据调车进路、车列长度、《车站行车工作细则》（以下简称《站细》）规定等提出钩作业参考时分。办理调车进路，必须由车站自律机依据列车运行调整计划在时间上与空间上（进路预计占用时间、避让车次、相关联锁条件等）对调车进路进行检查运算，无冲突后方可排列。

5）适应无人车站

分散自律调度集中系统集中指挥中小车站的作业，可发挥出调度集中系统的效能，有利于实现行车指挥无人化，可实现铁路减员增效的最终目的。

6）安全性高

列车运行计划、进路自动调整和控制具有安全性。在《铁路技术管理规程》《行车组织规则》《站细》中规定的有关行车作业约束性条件，全部纳入了系统检查。系统在计划、进路、按钮命令的各个层次中都提供了人工直接干预手段，对于系统检测到的冲突或无法自动识别的情况，都给调度员、车站值班员报警。系统软件严格限制特定的操作者只能进行特定的操作，所有的系统操作者身份都必须经过认证，确保控制命令来源于合法的操作者。命令被最终执行前，还要经过自律机的安全性检查。

采用故障—安全导向原则。在设备发生故障的情况下，如限制现场行车工作、降低行车密度、设备降级使用，甚至切断设备的输出，进路要停止排列，控制命令要停止输出，传输的信息要丢弃，对于操作者则是拒绝权限。系统软件采取必要技术措施防止命令被篡改、非法命令被插入、命令被侦听、命令被滞后执行等。控制命令在被向网络发出之前，须进行数据加密，并增加数字标签、时间戳，经过传输到达目的地后，进行解密，并进行信息完整性、时效性检查，丢弃过时的、错误的信息。

7）可靠性高

分散自律调度集中系统是建立在广域网上的计算机系统，由于调度中心和车站相距较远，最远达数百千米，所以通信可靠性是决定系统可靠性的重要因素，要求重要的设备采用双机热备的冗余工作机制，每一台设备都采用双网卡，提高了系统的可靠性。系统采用双通道结构，还通过特定的软件设计和路由协议配置技术保证双环的独立性，即所有的通信数据同时在各环中进行重复传输，任何一个设备发生故障，都不会对系统功能产生任何影响。

任务 3.2　分散自律调度集中系统结构认知

▶ 工作任务

通过理解 CTC 系统总体结构、组织机构与职责、技术管理、设备管理、运用管理等方面的相关知识，使学生对系统有一个宏观认知，为设备的维护管理打下基础。

▶ 知识链接

铁路调度集中的组织机构包括集团公司调度中心及车站调度中心两个层次，如图 3-1 所示。分散自律调度集中系统由调度中心子系统、车站子系统和传输网络子系统三部分组成。CTC 系统采用通用的互联网体系结构，通过安装在调度中心的交换机将调度中心设备连接成一个局域网，各车站的交换机将车站设备连接成一个局域网，然后通过控制中心和车站的路由器将局域网互联成为覆盖范围较大的广域网。

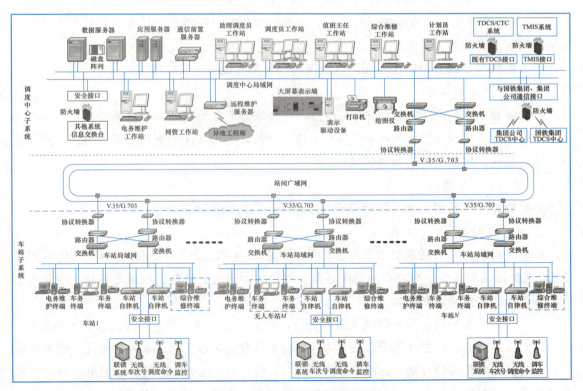

图 3-1　CTC 总体结构

3.2.1　集团公司调度中心系统的结构

集团公司调度中心系统主要分为 3 部分，分别是调度台应用系统、总机房设备（服务器）和维修子系统。

1. 调度台应用系统

调度台应用系统主要提供调度所各相关工种的操作界面和培训功能，主要设备包括：列车调度员工作站、助理调度员工作站（兼控制工作站）、综合维修工作站、多屏调监工作站等。

1）列车调度员工作站

列车调度员工作站主要功能包括：

（1）实时监控管辖范围内列车运行状态。

（2）制订、调整和下达列车阶段计划，查阅实绩运行图。

（3）调度命令的下达和维护。

（4）与相邻区段列车调度员信息交换。

2）助理调度员工作站（控制工作站）

助理调度员工作站（控制工作站）为 CTC 系统专用配置，其主要功能包括：

（1）无人车站的零星调车作业计划的编制、调整，以及调车工作的领导工作。

（2）根据列车调度员安排的运行调整计划和调度员的口头指令进行车站的列车进路自动排路的监督和必要的人工干预。

（3）提供车站的按钮操作界面，可直接遥控车站的进路和其他信号设备。

3）综合维修工作站

综合维修工作站为 CTC 系统专用配置。综合维修调度员在列车调度员的领导下，通过此工作站完成车站设备日常维护、天窗修、施工及故障处理方面的登销记手续办理，并具有设置临时限速，区间、股道封锁等功能。

4）多屏调监工作站

多屏调监工作站用于显示管辖范围内站场图的实时调监画面。

2. 总机房设备

总机房设备主要包括数据库服务器、应用服务器、CTC 通信前置机、TDCS 通信前置服务器、TD 通信服务器、分界口通信服务器、国铁集团通信服务器、日志服务器、电源设备等，各设备的主要功能介绍如下。

（1）数据库服务器：用于存储关键性数据，如运行图计划、列车到发点、表示信息等。

（2）应用服务器：主要用于系统基本图、日班计划、阶段计划、实际运行图、调车作业计划及其他各项数据的存储；处理内部数据与业务流程，包括列车阶段计划的维护及冲突检测和调整、调车作业计划及调车作业勾进路的生成等，是系统的核心处理设备。

（3）CTC 通信前置机：此为 CTC 系统专用配置，主要用于完成调度中心系统与 CTC 车站系统的数据交换和通信隔离。

（4）TDCS 通信前置服务器：主要用于完成调度中心系统与 TDCS 车站系统的数据交换和通信隔离。

（5）TD 通信服务器：主要用于完成 CTC/TDCS 系统和 TMIS 系统的信息交换，接收 TMIS 系统的基本图、日班计划、施工计划等信息，向 TMIS 系统发送实时的运行图、报点、存车等信息。

（6）分界口通信服务器：主要用于完成本集团公司和邻集团公司或者和集团公司内其他厂家的 CTC/TDCS 系统之间的信息交换。交换的信息主要有：调监表示、车次报点、速报、存车、邻台信息、邻站信息、列控信息等。

（7）国铁集团通信服务器：主要用于完成 CTC/TDCS 系统和国铁集团 TDCS 系统的信息发送，发送的信息主要有调监表示、运行图、速报、存车等。

（8）日志服务器：此为 CTC 系统配置，用于记录 CTC 系统日志。

（9）电源设备：电源设备采用集中供电方式。

3. 维修子系统

维修子系统主要包括系统维护工作站和网管工作站。

1）系统维护工作站

系统维护工作站主要用于对调度中心及车站的计算机设备、网络通信设备的运行状态进行监视；对故障设备进行报警、记录，回放进路的排放出清，现场计算机设备和网络设备的诊断和维护等；配置数据的修改等系统维护工作。

2）网管工作站

网管工作站主要用于网络诊断报警，提供网络拓扑图状态、通道的流量和网络连接等信息，便于系统网络故障的快速定位。

3.2.2　车站调度中心子系统的结构

车站调度中心子系统（简称车站子系统）是分散自律调度集中系统的重要组成部分，是整个网络系统的基本功能节点。调度中心将行车计划下达至车站，车站子系统根据列车运行调整计划完成进路选排、冲突检测、控制输出等核心功能，同时车站子系统还可以实现调车作业计划单编制及调车作业进路控制功能。

调度集中车站子系统的设备主要包括车站自律机、车站服务器、车务终端（值班员终端和信号员终端）、电务维护终端、车务管理终端等。车站终端设备可根据实际情况共用硬件。车站自律机应双机热备，采用工业控制专用硬件平台和模块化结构，还应根据实际情况配置开关量采集设备。车务终端应采用工业级计算机，双机热备并配置双屏显示，显示器尺寸应参考联锁显示器。

（1）车站自律机：用于列车跟踪、自动排路、分散自律逻辑检查、外部系统接口及控制指令输出等，是调度集中核心设备。

（2）车站服务器：用于车站级行车指挥、车站级数据处理、集中存储管辖范围内车站的行车数据。行车数据包括行车日志、调度命令、施工登记、行车事件报警日志及相关规章、资料等。

（3）**车务终端**：提供车站行车作业操作界面，具体包括行车日志、阶段计划和调度命令签收、站间透明显示、车站控制模式转换、进路序列控制、按钮控制等功能。

（4）**电务维护终端**：提供车站电务维护操作界面，具体包括设备状态监控、日志记录和查询、相关数据输入维护等。

（5）**车务管理终端**：提供车站运输管理数据、站细等资料信息维护，以及施工和故障处理登销记操作界面。

1）车站子系统的逻辑结构

车站子系统是以两台交换机为中心节点构成的双局域网系统。系统中的两台值班员工作站（大站还有两台信号员工作站）、一台电务维护终端、两台路由器、两台自律机及一台网络打印机都通过双局域网平台连接在一起，如图3-2所示。

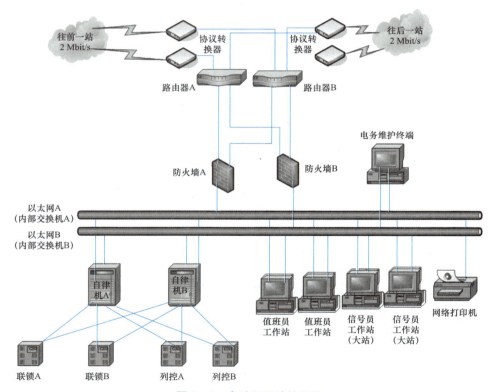

图 3-2　车站子系统的结构

2）车站子系统设备连接

在车站应急值守工作台上安装两台显示器和一台打印机，其中一台显示器显示车站控制台画面，另一台显示器显示车站行车日志画面，并安装了车站语音系统。在信号机械室内安装有两个 CTC 机柜，一个为采集控制机柜，安装双套自律机及双机切换装置、网络通信设备、电源设备等；另一个为工控机柜，安装车站值班员工控机及电务维护工控机。

车站系统连接线主要分为三类，一类是电源线，另一类是网络线，第三类是信号线。

（1）电源线从电源屏到采集控制机柜提供电源，并通过电源接线端子再连接各类设备。车站需要连接电源线的设备主要有自律机、双机热备单元、路由器、协议转换器、交换机、工控机、显示器、音箱、UPS、光纤收发器等。

（2）网络线将 CTC 车站设备全部通过交换机连接在一起。车站采用双局域网结构，通过双交换机（交换机）连接各类设备，主要有路由器、信号员工作站、值班员工作站、电务维护终端、自律机、网络打印机。

（3）信号线有 3 种，一种是连接控显机与自律机、列控与自律机的串口线，另一种是连接音箱及工控机的音频信号线，第三种是连接工控机及显示器、鼠标、键盘的网络线。

3）车站应急值守台工作站

车站应急值守台工作站主机采用两台高性能工业控制计算机，安装在工控机柜内。双主机构成冗余系统，不分主备，并行同时工作，双主机之间互相交换最新数据以保持同步。

两台主机通过视频长线和鼠标、键盘长线与安装在运转室的两台显示器和鼠标、键盘相连。即主机与显示器分置，值班员只能在显示器上操作，不能开关主机。

车站值班员工作站的功能主要包括：

（1）站场功能：站间透明（本站和邻站站场图表示）、站场显示回放、按钮操作。

（2）行车图表：行车日志生成、查阅和打印，运行图生成，阶段计划接收、签收。

（3）查阅和打印：历史行车日志查阅和打印。

（4）行车控制：本站 CTC 按钮操作、调车计划显示和操作、调车进路序列控制、进路序列显示和操作。

（5）报警：日志文件生成，行车信息报警，行车异常报警，信号设备、系统故障报警，重要行车操作查询。

（6）其他：用户管理、登录和注销，调度员调度命令接收、签收、查阅和打印，阶段记事接收和签收，现存车上报，编组上报，车站调度命令上发，会让计划生成，双机信息同步，速报信息接收和上报。

4）电务维护工作站

电务维护工作站采用高性能工业控制计算机，安装在工控机柜内。

电务维护工作站用于监视车站子系统的运行状况，对所有操作控制命令、设备运用情况、故障报警信息和车站网络运行状态等进行分类存储、查询和打印，其主要功能包括：

（1）车站子系统运行状态监视。

（2）车站子系统的操作记录管理。

（3）车站子系统的各类报警信息。

（4）车站码位查询。

（5）微机监测的相关功能。

5）远程通信设备

车站子系统中涉及的远程通信设备包括：路由器、协议转换器。因协议转换器已在项目2中介绍，下面重点介绍路由器。

车站基层广域网连接调度中心局域网和各车站局域网，采用双环、迂回的高速专用数字通道，数字通道的带宽为 2 Mbit/s。每个通道环的站数一般不超过 15 个。为了确保通信的可靠性，每个环交叉连接到局域网的两台路由器上。

网络通信协议采用 TCP/IP 协议，采用 CHAP 身份验证及 IPsec 等安全保密技术，在车站局域网安装有网络版病毒查杀软件，对系统中的计算机进行实时的病毒检测和清除，保证系统不受病毒的破坏。

FZ－CTC 型分散自律调度集中系统每个车站配置 2 台路由器，分别连接相邻的两个车站的路由器。在抽头车站，每个路由器还与调度中心路由器通过直连通道相连，路由器的广域网模块传输速率为 2 Mbit/s。

CTC 车站通信均为双网结构，车站间采用环形连接，每 6～8 个车站组成一个小环。

6）自律机

车站自律机为 LiRC－2 自律机，采用 19 英寸 4U 高机箱。上架安装，内部模块采用 CPCI 接口方式实现板卡之间无线缆连接。LiRC－2 自律机系统包含两套 3U CPCI 计算机系统（A 系统和 B 系统）及一套切换单元（STBY）。该系统采用双机冗余的方式与外部装置连接、协同工作。正常情况下，两套计算机系统同时运行，完成相同的任务，处理相同的数据，切换单元会指定其中一台作为主机。当其中一台发生故障时，切换单元会给出切换信号，通知无故障的计算机系统切换为主机，以此保证系统正常运行。

（1）自律机的功能。

① 接收并存储调度中心的列车运行计划，并可以自动按计划进行进路排列，驱动联锁系统执行。

② 接收调度中心和本地值班员（信号员）的直接控制操作指令（按钮命令），经与列车计划及联锁关系检查比较，确认无冲突后驱动联锁系统执行。

③ 对信号设备的表示信息进行分析，确认进路的完整性和信号的正确性，并能对不正常情况进行处理。

④ 对车次号进行安全级管理。

⑤ 接收邻站的实际和计划运行图。

⑥ 接收调度中心和本站值班员的进路人工干预，并调整内部处理流程。

（2）自律控制流程。

为保证整个程序的实时响应时间，自律程序采用循环方式，每 1～2 s 执行一次，每次循环流程如下：

① 首先检查是否有新下达的控制计划。如果接收到新计划，则根据计划进路的联锁表，

重新计算每个站对应于此计划的进路占用时间和空间表。

② 跟踪所有列车车次，记录列车实时位置。

③ 检查、遍历等待执行的进路序列，查看每条进路所对应的列车位置。根据《站细》，若发现进路条件满足，则发送进路命令，办理进路，并将此进路插入列车进路序列。

④ 完整检查历史进路序列，如果进路未办理，则报警。检查列车实际运行情况，如果与进路相关的接车、发车或列车通过执行完毕，则刷新历史进路列表。

⑤ 对于手工办理的列车进路，自律程序会查此进路中所有元素的占用表及《站细》，看此进路是否满足自律条件。若满足，则发送命令给站机办理；若不满足，则不予办理。

⑥ 对于调车计划，如果收到机车回执，则将此调车计划进路插入活动调车表。

⑦ 完整检查活动调车表，自律程序会查此调车进路中所有元素的占用表及《站细》，看此进路是否满足自律条件。若满足自律条件，时间到便开始办理。

（3）自律检查的四性。

① 合法性：指的是自律机将要下达的进路指令来源是否合法，以及在列车运行计划中是否具有合法身份。

② 时效性：指的是自律机将要下达的进路指令是否为过时指令，要求在列车运行计划中还未执行而且是未执行计划中时间最早的一个。

③ 完整性：下达的指令是完整的一个指令组。

④ 无冲突性：包括联锁关系的冲突、《站细》规定的冲突，以及列车作业和调车作业之间的冲突。

（4）自律机的结构。

LiRC-2 自律机由 A 系统、B 系统和切换单元三部分组成。A 系统、B 系统对称安装，中间为切换板。每一系统都由电源板、CPU 板和串口通信板组成，如图 3-3 所示。

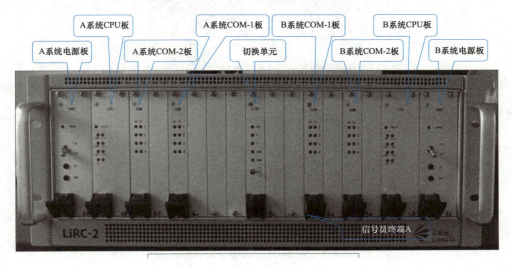

图 3-3　自律机前面板

后面板采用 3 段式设计：A 系统背板、B 系统背板和切换单元背板，A、B 两个系统分别由各自的电源模块供电，而位于两系统之间的切换单元则由 B 系统供电，如图 3-4 所示。

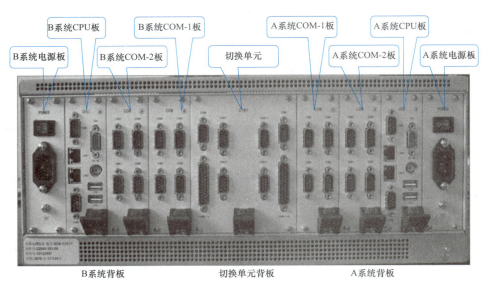

图 3-4　自律机后面板

① 自律机电源板（如图 3-5 所示）。

电源指示灯：正常亮绿灯，表示电源板加电正常。

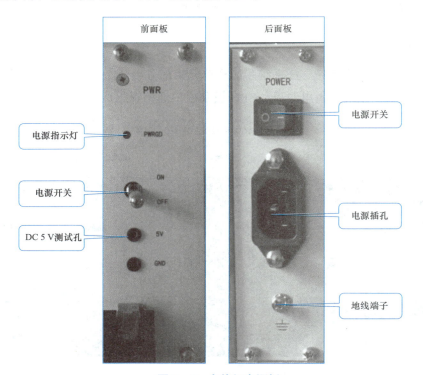

图 3-5　自律机电源板

② CPU 板（如图 3－6 所示）。

CPU 板是系统核心，运行 CTC 各种软件。

CPU 模块包含：Intel 嵌入式 Dothan CPU，1 GHz 主频，表贴 512 MB 内存，后面板接口有：1 个 10/100 Mbit/s 以太网卡、1 个 10/100/1 000 Mbit/s 以太网卡、2 个 RS－232 串口、2 个 USB 接口、1 个显示器接口、1 个键盘/鼠标接口。

CPU 板使用 CF 卡作为存储器。CF 卡安装在 CPU 的后走线板上。

前面板指示灯有：电源工作指示灯 PWR；存储器工作指示灯 HD；网络接口指示灯 LINK1 和 LINK2；网络工作状态指示灯 ACT1 和 ACT2；主用状态指示灯 L1 和 L2，以及重新启动按钮 RESET。

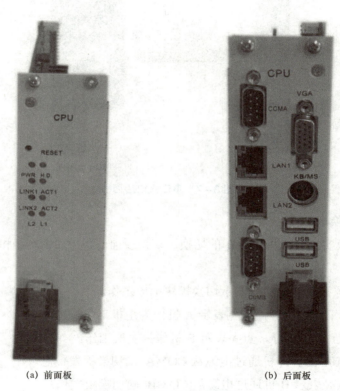

(a) 前面板　　　　　　　　　(b) 后面板

图 3－6　CPU 板前后面板

③ 串口板（如图 3－7 所示）。

CTC 与计算机联锁、车次号校核等设备通过串口板进行通信。

每块串口板有 4 个串口，从 COM1 到 COM4，通过设置板上的跳线，每个串口都可以运行在 RS－232、RS－422、RS－485 三种模式之一，后走线板上带有光电隔离模块。

串口板在前面板有 4 排 2 列 LED 指示灯，分别指示其后走线板的四路串口的发送和接收。左边一列为接收指示灯，右边一列为发送指示灯；从上至下依次指示的 COM1 到 COM4 的数据收发。

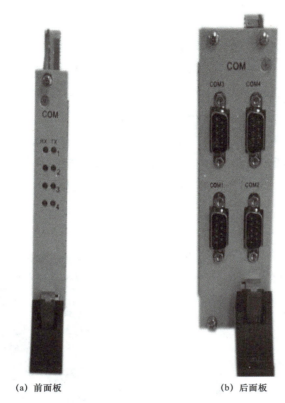

(a) 前面板　　　　　　　　　　(b) 后面板

图 3-7　串口板前后面板

④ STBY 切换板。

STBY 切换板实现自律机 A、B 的切换。切换板前面板上 LED 灯和三向开关的具体含义为：

PWR——电源指示灯，点亮表示切换模块上电工作。

A——A 系统工作指示灯，点亮表示 A 机作为主机工作。

B——B 系统工作指示灯，点亮表示 B 机作为主机工作。

COMA——点亮表示 A 机通过电缆从 COMA 向切换板发信息。

COMB——点亮表示 B 机通过电缆从 COMB 向切换板发信息。

三位开关——开关置于 A 位置（靠近指示灯），则表示强制 A 机为主机；置于中间 Auto位置，则表示自动切换；置于下面 B 位置，表示强制 B 机为主机，不论开关在什么位置，只要切换模块断电，则系统会自动切换到 A 机通道。

（5）自律机冗余。

LiRC-2 自律机包含两套主机系统（A 系统和 B 系统）及一套切换单元。该系统采用双机冗余的方式与外部装置连接，协同工作，正常情况下两套计算机系统同时运行，完成相同的任务，处理相同的数据，切换单元会指定其中一台作为主机。当其中一台发生故障时，切换单元会给出切换信号，通知无故障的计算机系统切换为主机，以此保证系统正常运行。

（6）自律机日志查询。

自律机的运行日志保存于各车站的电务维护终端上，记录了自律机的重要操作、系统事件和故障情况等。维护人员通过查询日志，可了解自律机的系统行为，寻找故障原因。

自律机日志主目录是各车站电务维护终端的 C:\log，其下有 3 个子目录，分别保存不同类型的日志，具体如下：

① C:\log\sys——系统日志，记录自律机系统运行信息，包括主备切换、通信中断与恢复等。

② C:\log\train——行车日志，记录行车相关的信息，包括自律机执行的站场设备操作、自动排列进路信息、行车过程中的报警信息等。

③ C:\log\debug——调试信息，自律机运行过程的详细记录，供技术人员分析使用。

7）自律机与其他设备的接口

（1）自律机与联锁的接口。

调度集中和计算机联锁的接口通过调度集中的车站自律机、计算机联锁的操作表示机（简称联锁机）之间的通信实现，自律机与联锁机交叉互联。自律机与联锁的接口如图 3-8 所示。数据通信利用 RS-422 标准串行接口，通信方式为异步双工，且调度集中设备端带光电隔离器。双方采用屏蔽电缆或光缆连接。当使用电缆连接时，屏蔽层在 CTC 设备端接地，计算机联锁端不接地。

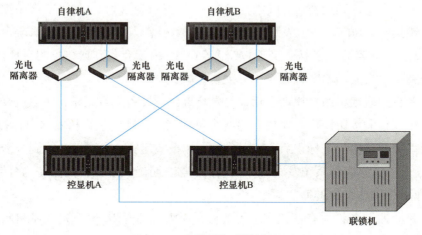

图 3-8　自律机与联锁的接口

① 联锁机与自律机之间传递的信息。

站场表示信息　是由联锁机发送给自律机的表示数据，用以反映车站信号设备的状态变化，站场表示信息应包括下列基本内容：

● 信号状态：绿、黄、绿黄、双黄、双绿、黄闪黄、红白、红、蓝、白、白闪、红闪、黄闪、绿闪、断丝、灭灯状态。

- 道岔状态：定表、反表、挤岔、单锁、封锁。
- 区段状态：占用、锁闭、空闲。
- 按钮状态：按钮的抬起和按下、信号机按钮的封锁。
- 表示灯状态：按钮表示、延时表示、区间闭塞、非进路、机务段、场间联系、驼峰联系等结合电路表示灯的稳定和闪烁显示等。
- 各类报警信息：轨道停电、熔丝报警、灯丝报警、信号故障关闭等报警信息。

控制状态信息　是联锁机与自律机相互沟通运行状态的数据，包括联锁机的主备运行状态和当前控制模式、自律机主备运行状态和允许转回自律状态。控制命令用于自律机向联锁机发送操作指令，数据帧中应包括命令类型、命令按钮序列及按钮状态。

时钟信息　用于同步联锁机与自律机的计算机时钟，标准时钟由自律机提供。在没有数据需要传送的情况下，通信双方应相互发送心跳信息，用于表明本方运行正常，并检测网络是否畅通。

控制模式转换信息　用于联锁机由非常站控模式向分散自律模式进行转换时的数据交换。运行状态报告时用此信息向通信对方报告自己当前的运行状态。自律机向联锁机传送的运行状态信息包括主备状态和是否允许联锁转为自律模式，是否允许转为分散自律模式的信息应当以主机发送的信息为准。联锁机向自律机传送的运行状态包括主备信息和当前控制模式信息。

在请求分散自律控制操作时，联锁机应当首先进行自我检查，如果非常站控模式下无正在执行的按钮操作，则向自律机发送自律控制请求。操作人员在抬起联锁系统上的非常站控按钮后，联锁机不再准许人工按下其他按钮。若在 5 s 内没有收到自律机的自律控制同意帧，此次自律控制请求失败，不准许转换为分散自律模式。

自律机在收到联锁机的自律请求后，首先检查自身设备是否正常，然后检查非常站控模式下有无正在执行的按钮操作。如果上述两个条件满足，则向联锁机发送自律控制同意帧，在收到联锁系统的自律状态标识后，转为分散自律模式运行。自律机在收到分散自律模式请求后，在 5 s 内应当向联锁系统发送自律控制同意帧，明确表示是否同意转为分散自律模式。

② 自律机倒机切换应遵循的原则。

- 自律机和联锁备机只有在完成了与各自系统主机的同步，真正进入备机状态以后才与对方进行通信联系。
- 自律主备机之间、联锁主备机之间应当通过其他的物理连接相互沟通各自系统主备机之间的通信连接状态，为倒机切换提供判断依据。
- 自律机和联锁机只有在主机之间的通信连接发生故障以后才进行倒机切换，备机与备机之间、主机与备机之间的连接中断后只报警而不倒机。
- 自律机主机与联锁主机通信中断 3 s 内不能恢复，在判断备机与联锁主机通信正常的情况下，自律机进行倒机切换。

● 联锁主机与自律机主机通信中断 5 s 内不能恢复，在判断备机与自律机主机通信正常的情况下，联锁机进行倒机切换。

自律机与联锁机通信连接建立后，控制模式处于既不是非常站控也不是自律控制的中间状态。通信建立后，双方首先发送 RSR 帧，然后联锁机向 CTC 发送站场表示信息帧 SDI，等待自律机发送 ACK 通信帧之后，联锁机向自律机发出自律控制请求帧 ACQ，期间，联锁机应向 CTC 发送站场表示变化信息帧 SDCI；若收到 CTC 的自律控制同意帧 ACA，即可进入自律模式，等待期间可以通过按下联锁界面上的非常站控按钮进入非常站控模式。

（2）自律机与车站列控设备的接口。

自律机与车站列控设备的接口采用如图 3-9 所示的方案。

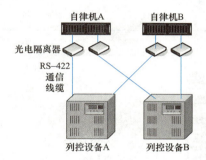

图 3-9　自律机与车站列控设备的接口

自律机和车站列控设备使用光电隔离器进行电气隔离，保证二者在电气上的独立性。自律机和车站列控设备采用带交叉的四线连接，保证了通信的可用性。

（3）CTC 与集中监测系统的接口。

CTC 与集中监测系统的接口设置在各 CTC 车站，接口形式为以太网通信或串口通信。CTC 车站通过 CTC 维护终端接入集中监测车站局域网，与其交互 CTC 设备状态信息和报警信息等，如图 3-10 所示。

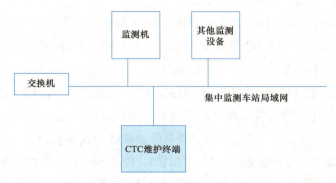

图 3-10　CTC 与集中监测以太网的接口

若采用串口通信方式，则是在 CTC 车站子系统的电务维护终端上通过串口与监测机接口实现信息交互。电务维护终端和监测机之间采用带光电隔离器的 RS-422 串口连接，采用双绞四线制、异步全双工方式，使用 RS－232D 型插孔型插座，如图 3－11 所示。

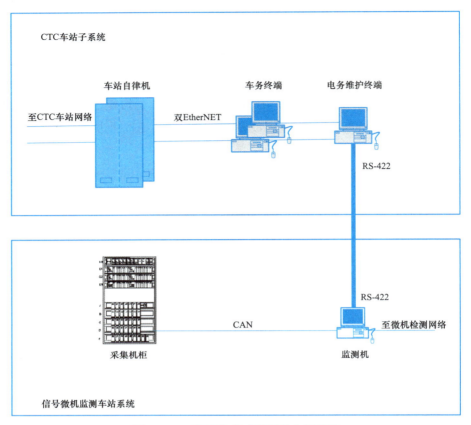

图 3－11　CTC 与集中监测的串行接口

（4）CTC 与无线闭塞（RBC）系统的接口。

RBC 向 CTC 发送列车状态信息，CTC 可向 RBC 发送紧急停车命令。

（5）CTC 与临时限速（TSRS）系统的接口。

具备 TSRS 的高速铁路线路，对于临时限速命令的存储、校核、分发、一致性判断等安全逻辑功能归属 TSRS，FZ－CTC 系统负责与限速命令相关的操作和界面显示功能。

（6）FZ－CTC 与无线车次号校核系统的接口。

在安装 450 MHz 无线列调的区段，与 TDCS 的结合方式一样，FZ－CTC 通过无线车次号校核系统获得来自机车的无线车次号，实现车次号校核的功能；FZ－CTC 通过调度命令无线传送系统将调度命令（含行车凭证）、调车作业单等传送到机车上。

FZ－CTC 与无线车次号校核系统的接口如图 3－12 所示，FZ－CTC 的车站自律机与无线车次号校核系统的车站设备利用 RS－422 串口进行连接。通过无线车次号机车电台将机车上的列车运行监控装置提供的车次号相关信息传送给无线车次号校核系统的车站设备，再传送给自律机，由自律机传送到集团公司 CTC 中心，使调度人员能够掌握列车及机车的实时信息。

（7）FZ–CTC 与调度命令无线传送系统的接口。

FZ–CTC 与调度命令无线传送系统的接口如图 3–13 所示，FZ–CTC 通过车站自律机与调度命令无线传送系统进行 RS–422 串口连接，将调度命令、行车凭证、调车作业单、路票、列车进路预告信息等直接发送到机车，自动完成了调度员和车站值班员的手工作业，减轻了劳动强度，提高了生产效率，为分散自律调度集中系统的无人化作业创造了必要条件。

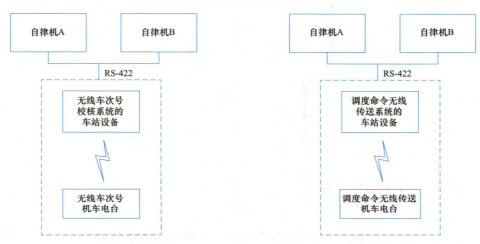

图 3–12　FZ–CTC 与无线车次号校核系统的接口　　图 3–13　FZ–CTC 与调度命令无线传送系统的接口

任务 3.3　分散自律调度集中系统控制模式及操作

▶ 工作任务

通过理解 CTC 系统的控制模式及操作方式、不同控制模式下的转换及权限，使学生加深对运输管理部门和电务部门之间相互关系的了解。

▶ 知识链接

3.3.1　分散自律调度集中系统的控制模式

分散自律调度集中系统包括两种控制模式：分散自律模式和非常站控模式。

1）分散自律模式

由 CTC 中心以技术手段将列车运行调整计划下达给所辖各站自律机。无人站的自律机接收 CTC 中心下达的调车作业计划，有人站的自律机接收车站车务终端输入的调车作业计划。自律机根据车站的具体情况，在保证列车计划不受影响、调车作业受到列车计划约束的条件下，自主地将列车计划和调车作业信息变换成列车进路指令和调车进路指令，并将指令协调地、实时地传送到联锁系统予以执行。如图 3－14 所示，在分散自律模式下，在分散自

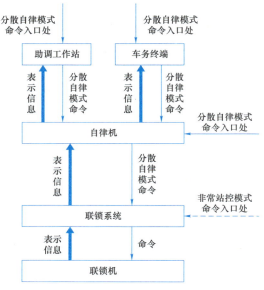

图 3－14　分散自律调度集中控制模式示意图

律调度集中设备上输入命令有效，而在联锁机上操作无效，联锁命令无法输入，此时只有一个"非常站控"按钮是有效的。分散自律调度集中命令入口共有 3 个：助调工作站、车务终端、自律机，前两者是人工输入的命令，后者是根据计划自动生成的命令。3 种命令经自律机下达至联锁系统执行。

2）非常站控模式

非常站控就是在非常情况发生时，将分散自律调度集中系统的控制模式转为在联锁操作台上通过操作按钮办理进路的控制方式。相对于分散自律而言，此时联锁系统将不接收分散自律调度集中命令。

在正常情况下，车站联锁系统处于分散自律控制模式。在发生某种故障（如自律机失效）、出现危险情况或在维修施工条件下，利用设置在联锁操作台上的"非常站控"按钮可将 CTC 无条件从分散自律模式转为非常站控模式。

3.3.2　分散自律模式下的操作方式与分散自律机表示灯

1. 操作方式

为使分散自律调度集中更好地适应各种类型的车站，在分散自律控制模式下又分为 3 种操作方式，即中心操作方式、车站操作方式和车站调车操作方式。

1）中心操作方式

CTC 中心负责该站的列车控制和调车控制，助理调度员负责该站所有的作业。一般在无

人站使用这种方式，如图 3-15 所示。

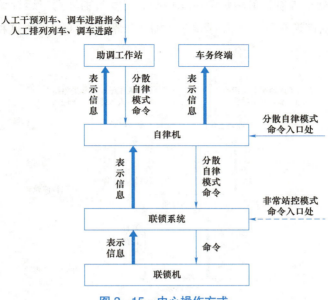

图 3-15　中心操作方式

2）车站操作方式

调度员负责列车运行计划的调整和下达，车站可以修改进路序列的内容，包括接发车顺序、到发线、进路触发方式等；车站也可以制订调车计划，指挥调车作业；车站人员也可以直接操作进路按钮，如图 3-16 所示。

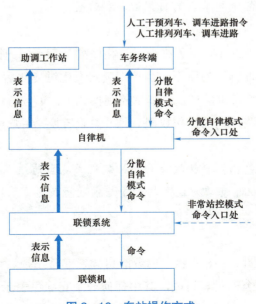

图 3-16　车站操作方式

3）车站调车操作方式

CTC中心负责列车控制，车站负责调车控制。调度员制订列车运行调整计划，安排车站的股道运用。车站制订调车计划，办理调车进路。一般有人车站使用这种方式，如图3-17所示。

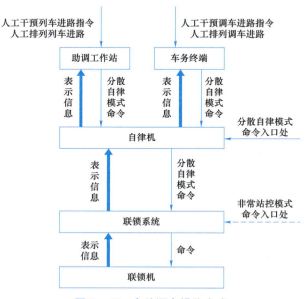

图3-17 车站调车操作方式

> **提示：** 不管哪种操作方式，自动控制的进路命令都是自律机自动生成的，人工进路控制命令不论来自何处，均要经过自律机的自律运算和检查。

2. 操作方式转换

车站处于不同的操作方式下，车务终端对进路序列具有不同的操作权限。当控制模式未发生变化时，遵循"谁封谁解"的原则。当控制模式发生过变化后，列车进路、调车进路、道岔单锁、封锁等操作谁都可以解掉。在车站控制模式下，车务值班员终端和信号员终端之间同时只能有一个具有进路序列的操作权限。通过模式转换，用户可以在这三种操作方式间转换，但必须符合转换条件。

> **注意：** 控制模式变化包括：自律机重启、控制模式从当前模式转换后又转回当前模式。在分散自律模式下，自律机单套重启还是转回重启前的操作方式，双套重启默认为车站控制模式。

3. 分散自律机表示灯

分散自律机表示灯如图3-18所示。由分散自律、非常站控、允许回转3组灯组成。

（1）分散自律灯由3个表示灯组成，其中任何一个亮绿色表示CTC控制模式，第一个亮绿色表示中心操作方式，中间一个亮绿色表示车站调车操作方式，最后一个亮绿色表示车站操作方式。当处于某种操作方式时，相应的灯亮绿色，另外两个灯为灰色。

（2）当非常站控表示灯亮红色时，表示非常站控模式；当非常站控表示灯为灰色时，表示分散自律模式。

提示： 在以上 4 个运行模式指示灯中，同一时刻只能亮一个灯。

（3）允许转回表示灯表示自律机能否由分散自律状态转换成非常站控状态，当该表示灯亮黄色时，表示车站处于非常站控模式且允许转回；当该表示灯为灰色时，表示处于分散自律模式或不允许转回。

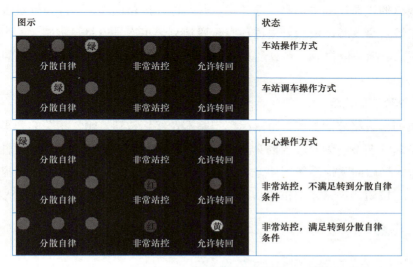

图 3-18　分散自律机表示灯

3.3.3　列车进路排列方式

列车进路的排列有 3 种方式：人工办理列车进路、人工触发命令、自动触发命令。无论哪种方式都要通过自律运算，只有通过自律检查后的按钮命令，才会向联锁系统输出，过程如图 3-19 所示。

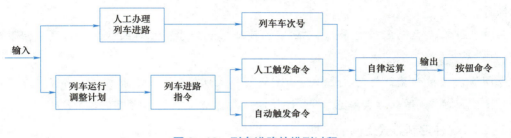

图 3-19　列车进路的排列过程

1. 自动触发命令方式

自动触发命令指本系统根据阶段计划信息、车次号信息、本站《站细》规则、当前信号道岔设备状态、列车位置等一系列约束条件，在合适的接近区间，或指定的提前时间量到达时，自动按计划排列接发列车进路，不需要人工干预。自动排列进路的具体工作原理是，由自律机根据进路序列自动产生操作命令，发往联锁设备；或通过驱动电路驱动6502设备产生操作命令，发往联锁设备。无论哪种方式，具体的进路联锁关系仍由联锁设备保证。

2. 人工控制方式

人工控制方式包括人工触发命令和人工办理列车进路两种。

1）人工触发命令

人工从现有的进路序列中选择一条进路，开始进行排路操作，不再等待系统规定的触发时机。当人工触发命令时，依然要根据现有阶段计划、车次号信息、本站《站细》规则、当前信号设备状态、列车位置等一系列约束条件进行安全性检查，只是排列进路的时机由人工操作决定。

2）人工办理列车进路

人工办理列车进路方法如下：用鼠标单击始端及终端按钮，输入相关的列车车次号。自律机根据列车运行调整计划对输入的列车车次号对应的计划进行合法性、时效性、完整性和无冲突性检查，然后向联锁系统下达进路办理命令。当有冲突时，会进行报警提示，人工直接单击取消进路按钮、进路始端按钮后，若符合"谁办谁解"的原则，可直接取消进路。

3.3.4 模式转换

1. 非常站控与分散自律之间的模式转换

（1）分散自律模式与非常站控模式无条件转换：按下联锁控制界面的"非常站控"按钮可进行转换。

（2）非常站控模式与分散自律模式有条件转换：在联锁控制界面上的"允许自律控制"表示灯亮黄色时，按下"非常站控"按钮转换。

> **提示**：只有在"允许转回"灯亮黄色时，才可以从非常站控模式转到分散自律控制模式，"允许转回"灯亮黄色的条件是：检查非常站控模式下有无正在执行的按钮操作，如果没有按钮操作，则亮黄灯。
>
> 另外，在有半自动闭塞的车站，"闭塞切换"不能处于亮红灯的状态，否则无法切换到"分散自律模式"。
>
> 当闭塞切换按钮亮红灯时，无法由非常站控模式切换到分散自律模式。必须在联锁机上单击"闭塞切换"，等红灯灭掉后，"允许转回"灯才会亮黄灯，方可转换。

2. CTC 3种控制方式之间的转换

在车务终端单站控制界面上，单击"模式转换"按钮后，单击"模式申请"按钮，在出现的对话框中选择相应的控制模式（中心控制、车站控制、分散自律）进行相应的转换。

> **注意**：车站当前的操作方式用红色表示，并且呈选中状态，选择需要转换的目标操作

方式，单击"确定"按钮。如果转换成功，则车站控制界面上部的相应操作方式表示灯会亮绿色。

3. 操作方式转换条件

操作方式转换条件用于描述分别由车站和中心发起的操作方式转换条件。其中，源方式指 CTC 系统当前所处的操作方式，目的方式指用户准备转换的方式。

1）由车站申请

（1）当系统处于车站操作方式时，车站可申请中心操作方式和车站调车操作方式，中心同意后转换成功。

（2）当系统处于中心操作方式时，车站可申请车站操作方式，中心同意后转换成功。车站无权申请车站调车操作方式。

（3）当系统处于车站调车操作方式时，车站可申请车站操作方式，中心同意后转换成功。车站无权申请中心操作方式。

2）由中心申请

（1）当系统处于中心操作方式时，中心可以申请车站操作方式，车站同意申请后即转为车站操作方式。中心可以直接将操作方式由中心操作方式转换为车站调车操作方式。

（2）当系统处于车站操作方式时，中心可以申请中心操作方式和车站调车操作方式，车站同意后方可转换成功。

（3）当系统处于车站调车操作方式时，中心可以直接转为中心操作方式，而转换为车站操作方式时需车站同意。

3.3.5 计划控制状态选择

在 CTC 工具栏上的"状态选择"按钮用于对进路控制模式进行选择。单击此按钮后，对话框中列出当前具有控制权限的车站，其中的"计划控制"是指自律机是否将收到的列车运行计划作为检查进路合理性的依据，一般是检查列车进路和调车进路是否存在冲突。如果此项前面打勾，则表示自律机将收到的列车运行计划作为检查进路合理性的依据。如果有计划控制，则站场图上每个车站站名下的"计划控制"表示灯亮绿色，此对话框中列出当前具有控制权限的车站。后面的两个选项为二选一的选项，即"按图排路"和"手工排路"两个之中只能选一个，当前车站的进路控制模式用红色显示，并且在车站名称的表示灯处也呈绿色。

（1）按图排路：表示自律机根据列车运行计划和调车作业计划生成进路序列指令，并自动触发执行。

（2）手工排路：表示自律机只执行人工直接按钮操作，计划和进路序列失效。如果"计划控制"表示灯为灰色，计划控制模式未勾选；如果选择"手工排路"，"按图排列"表示灯为黄色，表示选择了手工操作模式。

注意："计划控制"只在"按图排路"状态下起作用，即在按图排路时，如果调车进路和列车进路有冲突，而此时又需要办理调车进路，则需要将"计划控制"选择框中的勾去掉。

3.3.6 进路序列定义

进路序列指系统根据最新的阶段计划自动生成的车站下一步准备办理的进路的列表，根据时间由近及远进行排序。进路序列中的每一条进路信息包括以下内容：

（1）车次号；

（2）接发车股道；

（3）自触标记；

（4）进路类型（接发车方向）；

（5）开始时间（自律机预计办理时间）；

（6）计划到发时间（阶段计划规定时机）；

（7）进路状态（存在 6 种状态：未触发、正在触发、已触发、已取消、占用、出清）；

（8）进路描述（办理该进路的按钮序列，包括相关基本进路、延续进路等）。

列车进路序列窗口显示中心行车调度下发到自律机的计划进路，如图 3-20 所示。

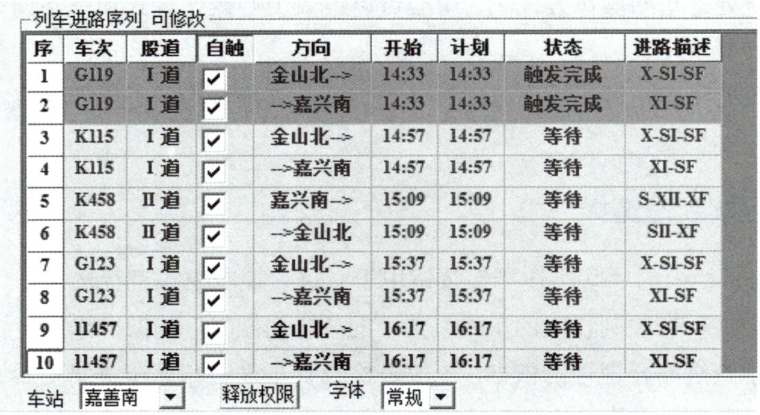

序	车次	股道	自触	方向	开始	计划	状态	进路描述
1	G119	I 道	✓	金山北→	14:33	14:33	触发完成	X-SI-SF
2	G119	I 道	✓	→嘉兴南	14:33	14:33	触发完成	XI-SF
3	K115	I 道	✓	金山北→	14:57	14:57	等待	X-SI-SF
4	K115	I 道	✓	→嘉兴南	14:57	14:57	等待	XI-SF
5	K458	II 道	✓	嘉兴南→	15:09	15:09	等待	S-XII-XF
6	K458	II 道	✓	→金山北	15:09	15:09	等待	SII-XF
7	G123	I 道	✓	金山北→	15:37	15:37	等待	X-SI-SF
8	G123	I 道	✓	→嘉兴南	15:37	15:37	等待	XI-SF
9	11457	I 道	✓	金山北→	16:17	16:17	等待	X-SI-SF
10	11457	I 道	✓	→嘉兴南	16:17	16:17	等待	XI-SF

车站 嘉善南 ▼   释放权限   字体 常规 ▼

图 3-20 列车进路序列窗口

3.3.7 车务终端界面显示

车务终端软件包含站场显示和行车日志显示两个窗口界面。站场显示窗口和行车日志显示窗口都包含标题栏、菜单栏、工具栏。

用户成功登录后，车务终端显示主界面窗口，主界面窗口包含两个子窗口，分别为站场图和行车日志窗。登录后默认显示站场图界面。

1. 站场显示窗口

站场显示窗口包含标题栏、菜单栏、工具栏、站场图区域、CTC 工具栏、列车进路序列窗口和调车进路序列窗口。站场图包含两种显示画面，单站画面和站间透明画面。

1）单站画面

图 3-21 为单站画面，主要用于接发列车进路操作，控制操作站场设备。

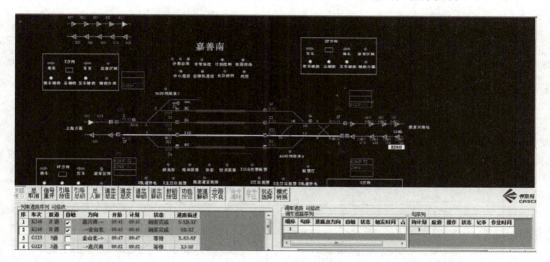

图 3-21　单站画面

2）站间透明画面

图 3-22 显示的是站间透明画面，可查看上下行邻站与区间的行车状况及股道占用、车次跟踪等信息。

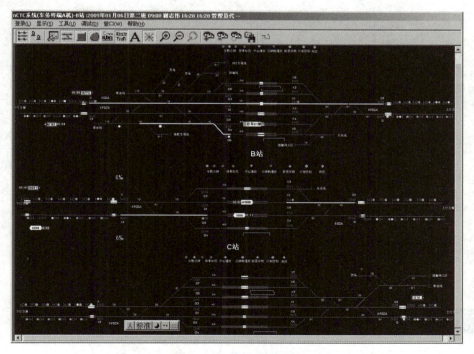

图 3-22　站间透明画面

3）"站死"状态

CTC 系统在与联锁、区间的采集中断等情况下，车站站场画面中站名下的状态表示灯均不亮（暗灰色），同时股道、道岔、信号机表示灯均为暗灰色，说明表示站场表示信息失效。

2. 行车日志显示窗口

行车日志显示窗口包含标题栏、菜单栏、工具栏、签收栏、行车日志表、操作按钮栏、调度台信息窗、键盘输入区和邻站信息框，如图 3-23 所示。其中，标题栏、菜单栏与站场图窗口相同。

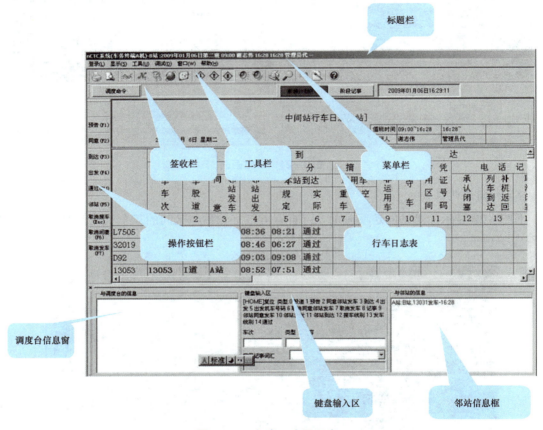

图 3-23　行车日志显示窗口

任务 3.4　调度集中车站设备安装与维护

> **工作任务**

通过学习 CTC 车站设备的安装与维护，为未来工作打下良好的基础。

知识链接

3.4.1　调度集中车站设备各部位开关及按钮的功能性操作

1. 采集机柜内各部位开关及按钮功能性操作

（1）D0 层 K1 开关：控制采集机柜内部各负载电源的空气开关。

（2）D0 层 K2 开关：控制采集机柜顶部散热风扇的电源的空气开关。

（3）交换机上的开关：

① POWER 开关：电源开关。

② Mode 按钮：状态转换开关。

（4）自律机上的开关及按钮：

① POWER 开关：电源开关。

② 电源板开关（前面板钮子开关）：拨向"ON"系统上电，拨向"OFF"系统断电。

③ 5 V 电源电压测试孔：仅用于确定测试系统供电电压是否正常。

④ CPU 板 RESET（复位）按钮：按下该按钮可将系统复位。

⑤ STBY 切换机板三位开关：开关扳到 A 位置表示强制 A 机为主机，不受任何外界因素影响；开关扳到中间 Auto 位置，表示自动切换；开关扳到 B 位置，表示强制 B 机为主机，不受任何外界因素影响。不论开关在什么位置，只要切换模块断电，则系统会自动切换到 A 机为主机。

（5）路由器上的开关：

POWER 开关：电源开关。

（6）协议转换器上的开关及按钮：

① POWER 开关：电源开关。

② Local digital 按钮：远端环路测试按钮。

③ Local analog 按钮：本地环路测试按钮。

④ Remote 按钮：保留按钮，须专用仪器配合使用。

⑤ Pattern 按钮：测试码流按钮，须专用仪器配合使用。

（7）DDF 架：DDF 架上有若干短接子，当纵向连接时表示搭通电路，当横向连接时表示环接电路。

注意：端子是成对使用的，一般情况下，单数端子用于发送（TX），双数端子用于接收（RX）。

（8）通信质量监督单元和防火墙上的 POWER 开关为电源开关。

2. 工控机柜内各部位开关及按钮功能性操作

（1）D0 层 K1 开关：控制工控机柜内部各负载电源的空气开关。

（2）D0 层 K2 开关：控制工控机柜顶部散热风扇的电源的空气开关。

（3）工控机上的开关及按钮：

① POWER 开关：电源开关。

② RESET 按钮：重启按钮。

3.4.2　使用调度集中车站电务维护终端

1）实时监控站场信息

电务维护终端可以实时显示站场信息，监控列车运行情况。

2）回放站场信息

在菜单栏单击"工具"菜单，然后选择"站场图回放"命令，弹出站场图回放界面。在界面中输入"开始时间"和"结束时间"，然后单击"回放"按钮，等待数据下载完毕后便可以回放站场数据了。

3）查看系统信息

在菜单栏单击"显示"菜单，然后选择"工具栏"子命令，再选择"显示系统信息窗口"命令，弹出"系统消息框"，在此信息框内可以实时查看各种报警信息及操作信息。

4）设置分路不良

在单站显示状态下，单击相应的道岔区段、股道、无岔区段，可以设置该区段的分路不良。

3.4.3　调度集中车站设备日常维护

车站子系统是分散自律调度集中系统的重要组成部分，它是整个网络系统的基本功能节点。调度中心将行车计划下达至车站，车站子系统根据列车运行调整计划完成进路选排、冲突检测、控制输出等核心功能。同时车站子系统还可以实现调车作业计划单编制及调车作业进路控制功能。

1. 显示器、鼠标、键盘的日常维护

各设备日常维护检测项目如下。

（1）显示器：检测屏幕有无坏点、亮点、暗点，屏幕有无划痕、显示有无畸变缺色，各按钮功能是否正常，USB 口加封是否良好、摆放是否稳固，各接口是否紧固良好、清洁无灰尘。

（2）鼠标：检测滚轮运转是否灵活、有无卡阻，数据线接触是否良好、有无虚接（鼠标 PS/2 接口为绿色）。

（3）键盘：检测各按键是否灵活、有无卡阻，键盘数据线接触是否良好、有无虚接，功能表示灯显示是否正常，各部位是否保持清洁无灰、无尘等。

（4）机箱：检测各部位（电源盒、CPU、前面板）风扇运转是否正常、有无噪声，前面

板海绵防尘垫是否保持清洁、有无老化。

（5）机柜、机桌：检测放置是否水平稳固、有无倾斜，门锁开关是否顺畅，门轴转动是否灵活、有无卡阻，机柜门、机桌门接地是否良好，内部、外部是否清洁、有无灰尘。

2. 机柜内各部及各单项设备检查

（1）检查机柜内各部位螺丝紧固是否良好，各单项设备固定螺丝及板卡螺丝紧固是否良好，垫片是否齐全。

（2）检查各插接件接触是否良好，各单项设备数据线、电源线插接是否牢靠、有无松动，绑扎是否良好。

> 提示：插接件主要包括：DB9 接口、特种接口、VGA 视频接口、DVI 视频接口、PS/2 接口、USB 接口、WIC 接口、V.35 接口、BNC 接口、RJ45 等接口插接件。
>
> 单项设备数据线主要包括：视频线、串口屏蔽线、V.35 电缆线、鼠标线、键盘线、G.703 同轴电缆、网线等。

3. 机柜检查

（1）检查机柜风扇、各种工作指示灯显示是否正确。

（2）检查路由器、交换机、协议转换器、调制解调器状态是否正常，有无报警指示。

> 提示：机柜风扇工作正常主要指运转时无噪声，无温升，机柜风扇单独使用的电源供电正常、无较大波动现象。防护用空开开关灵活，在过载或短路状态时能够可靠断开。
>
> 各种工作指示灯主要是指：机柜的电源表示灯、工控机前面板的各种电源表示灯、网络质量监督设备及自律机的各种表示灯。

（3）检查机柜盘面手柄、开关位置是否正确，包括采集机柜的电源空开、机柜风扇开关，工控机柜电源开关、机柜风扇开关，机桌内电源风扇开关，各温控器温度设定旋钮的设置。

（4）检查自律机双机切换手柄是否处于"自动"位置，工作机与备机是否处于同步状态。自律机双机切换手柄处于"自动"位置有利于自律机 A 系统和 B 系统之间自动倒机，此时若主用自律机故障，可以自动切换到备用自律机上继续工作。

4. 检查同步状态

（1）自律机的主、备同步检查：将切换板的切换开关分别强制扳到 A 和 B 的位置，检测 A——A 系统工作指示灯、B——B 系统工作指示灯状态，以及 COMA 和 COMB 指示灯状态，并确认值班员工作站、信号员工作站及与集团公司调度中心通信是否正常，如果一切正常，表明自律机双机处于同步状态。

（2）车务终端双机同步检查：分别在两台车务终端上切换单站画面与站间透明画面，并观察站间透明显示的车次是否为实时内容、单站画面功能是否正常，如果一切正常，说明车务终端双机同步正常。

5. 检查电务维护终端

（1）查询电务维护终端有无报警信息，记录并分析处理。

（2）查询通道状态、网络连接是否正常，各项功能是否正常。

电务维护终端主要的功能包括以下几项：

① 设置分路不良。

② 车站子系统的操作记录管理。

③ 车站子系统的各类报警信息管理。

④ 为微机监测提供开关量信息。

当轨道区段发生分路不良时，当班电务人员要在电务维护终端上对分路不良区段进行分路不良设置，并根据相关的规章制度进行相应汇报登记。

车务终端和信号员终端的各项操作在电务维护终端上会实时记录，电务人员查看操作记录，有利于分析值班员的操作过程。

在电务维护终端上可以记录本站子系统内部所有终端的报警信息，认真地分析报警信息有利于防范故障的发生、缩短故障的处理时间、减少故障延时。例如，当子系统内的自律机或某终端时间不同步造成通信故障时，电务维护终端上会有明显的报警记录。

另外，电务维护终端还具有回放功能，可实现站场显示回放，有利于电务人员对设备故障的分析及对车务人员的操作的分析。

3.4.4 调度集中车站设备集中检修

1）检修前的准备

检修前需记录查看记录值班员终端状态、临时限速状态、自律机主备状态，查看有无告警信息。

检修前对设备状态进行查看并记录，有利于检修作业，使检修作业具有针对性，能够突出检修的重点，也有利于及时发现故障的倾向性，同时也有利于检修作业后使设备恢复检修作业前的状态。主要记录内容包括：值班员终端的工作状态是否正常、工作在哪种工作模式、封锁区段有哪些、限速区段有哪些等信息。

自律机是整个CTC系统的心脏，集中检修作业时检查自律机的主备转换是十分必要的，经过检查可以预先发现自律机的故障倾向性，处理以后可以避免故障的发生。

2）机柜、各类风扇清扫及工控机防尘网清洗

机柜的清扫部位主要包括：机柜顶部、机柜前后门、机柜内部的底部，要做到清洁、无灰尘。

各类风扇主要包括：机柜顶部风扇（注意断电，此风扇使用的是交流220 V电源）、路由器内部风扇、交换机内部风扇、工控机电源风扇、工控机CPU风扇、工控机前面板风扇。

工控机防尘网要保证洁净，通透性良好，有利于机器内部通风。防尘网的清洗周期要视环境而定，一般情况下，每一个月要清洗一次。在清洗时禁止使用具有腐蚀性的洗

涤液。

　　3）车务终端界面切换试验

车务终端界面切换主要包括两项内容：

（1）主备机切换：参照"巡检作业"中的内容进行。

（2）模式转换：主要包括车站操作、车站调车操作、中心操作 3 种操作方式之间的转换，同时还要做非常站控与分散自律模式之间的转换试验。

3.4.5　调度集中车站设备器材更换及联锁试验

1. 交换机的更换

1）更换前的准备工作

（1）上电检查新器材的工作状态是否良好。

（2）标记每根网线的接口位置。

（3）检查每个 RJ－45 口的针脚有无弯曲、有无压力不足现象。

（4）检查工作电压是否符合要求。

（5）调度员及值班员是否允许更换。

2）更换后的检查工作

（1）地线接触是否良好。

（2）各网线插接是否良好。

（3）更换的交换机所属网段内所有设备通信是否正常。

（4）双网切换是否正常。

（5）各部位螺丝、插头是否牢固。

2. 自律机及内部部件的更换

1）自律机电源板的更换

（1）更换前的准备工作包括：

① 检查型号是否一致。

② 检查新器件的电源开关是否在关闭状态。

③ 检查新器件接口插片是否有损伤。

④ 检查各部焊点是否良好、有无假焊。

⑤ 检查加电试验是否良好。

⑥ 检查 5 V 直流输出是否符合要求。

⑦ 调度员及值班员是否允许更换。

（2）更换后的检查工作包括：

① 开关位置是否正确。

② 电源板所带的负载工作是否正常。

③ 5 V 直流输出是否符合标准。

④ 双机切换是否正常。

⑤ 表示等显示是否正常。

⑥ 各部位螺丝紧固是否良好。

2）自律机 CPU 板的更换

（1）更换前的准备工作包括：

① 检查型号是否一致。

② 检查接口有无瑕疵。

③ 标记 CF 卡（如果 CF 卡工作正常，一般情况下禁止更换 CF 卡）。

④ 标记网线插接位置。

⑤ 调度员及值班员是否允许更换。

（2）更换后的检查工作包括：

① 各表示灯显示是否正常。

② CF 卡插接是否牢固。

③ 各网线插接是否正确。

④ 通信是否正常。

⑤ 各部位螺丝紧固是否牢固。

3）自律机串口板的更换

（1）更换前的准备工作包括：

① 检查型号是否一致。

② 检查接口是否良好。

③ 检查电路板上的跳线是否正确。

（2）更换后的检查工作包括：

① 所更换的多串口板所有接口的通信是否正常。

② 表示灯显示是否正常。

③ 各部位螺丝紧固是否良好。

4）自律机切换板更换

（1）更换前的检查工作包括：

① 检查型号是否一致。

② 检查接口是否良好。

③ 检查电路板上的跳线是否正确。

（2）更换后的检查工作包括：

① 切换板所有接口的通信是否正常。

② 表示灯显示是否正常。

③ 开关位置是否正确。

④ 切换功能是否正常。

⑤ 各部位螺丝紧固是否良好。

3. DDF 架的更换

在更换 DDF 前，将 G.703 电缆进行详细写实、编组。摘下来的 G.703 电缆用 T 型头一对一短接，更换后逐对校验，进行打环试验，确保通道连通性与正确性。

在更换 DDF 架时，必须与维护中心联系，确保在同一网环内其他站无电务 CTC 网络维护作业。

4. 更换通信质量监督单元

更换通信质量监督单元的操作方法基本上与更换 DDF 架的作业相同。

在更换通信质量监督单元前，将 G.703 电缆进行详细写实、编组。摘下来的 G.703 电缆用 T 型头一对一短接，更换后逐对校验，进行打环试验，确保通道连通性与正确性。

在更换通信质量监督单元时，必须与维护中心联系，确保在同一网环内其他站无电务 CTC 网络维护作业。

5. 更换协议转换器

在更换通信质量监督单元前，将 G.703 电缆进行详细写实、编组。摘下来的 G.703 电缆用 T 型头一对一短接，更换后逐对校验，进行打环试验，确保通道连通性与正确性。

在更换协议转换器时，必须与维护中心联系，确保在同一网环内其他站无电务 CTC 网络维护作业。更换后重点检查板卡内的跳线设置是否正确。

6. 更换路由器

1）更换前的准备工作

（1）要对新路由器进行设置并进行详细校验、试验，保证与原来的设置一致。

（2）对各 V.35 电缆和网线进行写实及编组。

2）更换后的检查工作

（1）检查各线缆是否与原来插接一致。

（2）检查通信质量是否良好。

（3）检查双网切换是否正常。

注意：绝对禁止带电更换，各线缆必须与原来插接一致。

7. 更换防火墙

更换防火墙，一定注意每根网线的插接位置、内部设置是否与原来一致。

8. 更换工控机

1）更换前的准备工作

在更换工控机前，一定确保 CTC 所需的控件及语音包正确安装，CTC 应用程序必须与原来程序一致。

2）更换后的检查工作

（1）检查两根网线与 IP 地址的设置是否匹配。

（2）检查双机切换是否正常。

3.4.6 调度集中车站设备故障处理

1. 交换机故障

1）SYST 系统指示灯点亮橙色

SYST 系统指示灯点亮橙色，表示系统加电但运行不正常，须检查系统电源是否正常。如果系统电源正常，重启交换机后故障仍然依旧，说明故障原因出现在交换机内部，须立即更换交换机。

2）SYST 系统指示灯灭灯

SYST 系统指示灯灭灯，表示系统加电不正常，须检查系统电源是否正常。如果系统电源正常，说明故障原因出现在交换机内部，须立即更换交换机。

3）STAT 端口指示灯灭灯

STAT 端口指示灯灭灯，表示系统工作模式错误或交换机没有启机。

2. 路由器故障

1）SYS PWR 表示灯灭灯

SYS PWR 表示灯灭灯，表示系统加电不正常，须检查系统电源。

2）SYS ACT 长时间不闪绿灯

SYS ACT 长时间不闪绿灯，表示局域网信息交换不正常，须重启路由器，检查路由器工作是否正常，检查网线是否混线，检查与路由器相连接的交换机工作是否正常。

3）LINK 表示灯灭灯

LINK 表示灯是以太网链路指示灯，正常状态时亮绿灯，表示和交换机连接正常，灭灯表示路由器故障，须立即更换。

3. 自律机故障

1）电源板 PWRGD 表示灯灭灯

电源板 PWRGD 表示灯灭灯，表示电源模块上电工作不正常，须检查系统电源是否正常。如果系统电源正常，故障原因是电源板内部开关故障，须立即更换电源板。

2）CPU 板 PWR 表示灯灭灯

PWR（电源指示灯）灭灯，表示系统上电工作不正常，须检查电源板直流 5 V 供电是否正常，如果正常，是 CPU 板故障，须立即更换 CPU 板。

3）CPU 板 H.D.表示灯灭灯

H.D.（硬盘）表示灯灭灯，表示 CF 卡工作不正常，须立即更换 CF 卡。

4）STBY 切换板 PWR 指示灯灭灯

STBY 切换板 PWR 指示灯灭灯，表示切换模块上电工作不正常，须检查电源板直流 5 V 供电是否正常。如果正常，说明 STBY 切换板故障，须立即更换 STBY 切换板。

4. 协议转换器故障

1）PWR 灯灭灯

PWR 灯是电源指示灯，PWR 灯灭灯表示系统加电工作不正常，须检查系统供电是否正常、电源模块是否正常。

2）TD 灯灭灯

TD 灯灭灯表示数据发送不正常，须检查协议转换器模块工作是否正常、路由器发送是否正常、V.35 电缆线是否正常。

3）RD 灯灭灯

RD 灯灭灯表示数据接收不正常，须检查协议转换器模块工作是否正常、对方站发送是否正常。

4）Singnal Loss 表示灯亮红灯

Singnal Loss 表示灯亮红灯表示 E1 线路信号丢失，须联系通信部门处理。

5）Alarm 指示灯亮灯

Alarm 灯（红色）是告警指示灯，Alarm 指示灯亮灯表示通信线路故障，须联系通信部门处理。

3.4.7　调度集中车站设备常见硬件故障处理

1. 更换显示器、键盘、鼠标、长线驱动器、打印机及甩掉通道防雷

（1）当更换显示器、键盘、鼠标、长线驱动器时，要断电更换。

（2）当更换显示器时，要注意 VGA 接口或 DVI 接口，禁止将针脚插坏。

（3）当更换键盘和鼠标时，注意 PS/2 接口颜色，禁止插错，禁止硬性插接将针脚插坏。

（4）当更换长线驱动器时，注意地线应接地良好。

（5）当更换打印机时，要对打印机的 IP 地址进行设置。如果使用的是未拆封的硒鼓，一定要将硒鼓的保护用防静电条抽出，注意不要碰触硒鼓芯片。

（6）当甩掉通道防雷时，将通道两端的 G.703 同轴电缆旋转取下，使用 T 型头一对一对接（禁止将发送 TX 和接收 RX 接反）。

2. 终端显示器无显示

终端显示器无显示的原因主要有 5 种，下面介绍各种原因对应的故障处理方法。

（1）电源故障：看显示器电源表示灯是否亮灯，用万用表测量输入电源是否符合要求。若电源不符合要求，须处理电源故障。

（2）显示器故障：采用"移位法"判断，将故障显示器接到工作正常的计算机主机上，

如果显示正常，证明显示器工作正常。如果显示器工作不正常，须更换显示器。

（3）视频线故障：采用"替换法"判断，使用同型号、同接口的视频线做替换试验。

（4）长线驱动器故障：采用"替换法"判断，使用同型号的长线驱动器做替换试验。

（5）显卡故障：将一台工作正常的显示器直接连接到显卡上，如果显示不正常，须更换显卡。

注意：显卡设置的刷新频率与显示器的刷新频率参数要匹配。

3. 采集机柜无电源

（1）检查电源层机柜电源空开是否闭合。

（2）用万用表测量电源层机柜电源空开前端和后端是否有交流 220 V 电源，电源是否符合标准。

（3）如果电源层机柜电源空开前后两端均无交流 220 V 电压（或电压不正常），再用万用表测量 D0～D9、D0～D13 有无交流 220 V 电压。如果没有交流 220 V 电压，则查看电源屏有无输出，如果电源屏输出正常，则更换电源屏至机柜的电源线。如果有交流 220 V 电压，则更换 D0～D9 至 D0～D15（空开前端子）和 D0～D13 至 D0～D17（空开后端子）间的电源线。

4. 终端机死机

终端机死机后，须重启终端机。重启终端机包括以下两种情况：

第一种情况为"软启"，同时按住键盘上的"Ctrl+Alt+Delete（或 Del）"3 键后，在出现的对话框中选择"重新启动"后回车；

第二种情况为"硬启"，即强行关闭机器电源，然后重新加电启动，此种情况只有在键盘操作失灵时才可以使用，一般情况下禁止使用。

5. 重新启动路由器

在网络发生故障以后，经常需要重新启动路由器，重启路由器有两种方法：

第一种方法是使用命令重启，具体方法是在任何一台网络终端机上（联网状态）用 telnet 命令登录要重启的路由器，进入"特权模式"后使用 reload 命令重新启动路由器；

第二种方法是重新加电重启，将路由器电源开关关掉后重新打开，使路由器重新启动。

6. 打印机常见故障处理

打印机常见故障主要有两种：不进纸和卡纸。

1）不进纸

当出现打印机无法正常进纸问题时，用以下几个步骤进行处理：

（1）确认打印机是否处于手动送纸模式，可以手动送纸看一下能不能进纸。

（2）确认进纸板位置调整是否正确。

（3）重启打印机。

2）卡纸

当出现卡纸现象时，会出现错误提示信息，从打印机的控制面板指示灯也可以看到卡纸提示。常见的卡纸位置主要在碳粉盒区域、进纸盘区域、出纸通道。

导致卡纸的主要原因有以下 2 个：

（1）进纸盘装纸不正确或装纸太多。

（2）纸张规格不正确（应该使用标准 A4 打印纸）。

在清除卡纸时，为了避免损坏打印机，一定要先打开碳粉盒端盖，取出碳粉盒，保证端盖打开并且碳粉盒取出，直到清除了卡纸。清除卡纸具体步骤如下：

（1）打开打印碳粉盒端盖，取出碳粉盒。

（2）用两手抓住露出的卡纸一边，小心地将其从打印机中拉出。

（3）取出卡纸后，装回碳粉盒，然后关闭碳粉盒端盖。

> 提示：清除卡纸后，可能需要先关闭打印机，然后再重新打开。

3.4.8　分析判断网络通道故障

对于简单的网络通道故障，通常按照流程图从前往后逐项检查、确认故障点，并进行相应处理。

（1）车站到车站网络通道故障检测流程图如图 3－24 所示。

（2）信号机械室内部网络设备故障检测流程图如图 3－25 所示。

如果从通信机械室向外的通道没问题，通道故障就很可能出在信号机械室内部的网络设备上，这时就需要对机械室内部的网络设备进行故障检测，一般采用替换法，即用正常的设备替换可能有故障的设备，逐步找出故障所在。因为每个信号机械室至少有两条通道，所以可以采用此方法。

3.4.9　非正常情况下应急处理

1. 设置车务终端机 IP 地址

在车务终端主界面中进行以下操作：

（1）依次选择"开始" | "控制面板" | "网络连接" | "本地连接 1" | "属性" | "TCP/IP 协议" | "属性"命令，打开属性设置界面。

（2）选取"使用下面的 IP 地址"后，在"IP 地址"栏填入相应的 IP 地址，"子网掩码"栏填入 255.255.255.224，"默认网关"栏填入相应的网关地址，然后单击"确定"按钮，完成网卡 1 的设置。

> 注意：在设置 IP 地址时，一定要记住网卡所属网段，在插接网线时必须与其对应。

2. 防火墙故障后将防火墙甩掉

在正常工作状态下，防火墙串接在路由器与交换机之间，如果防火墙故障，会影响车站局域网与广域网之间的通信，为了缩短故障影响时间，可以临时将防火墙甩掉，临时恢复网络通信。具体操作方法如下：

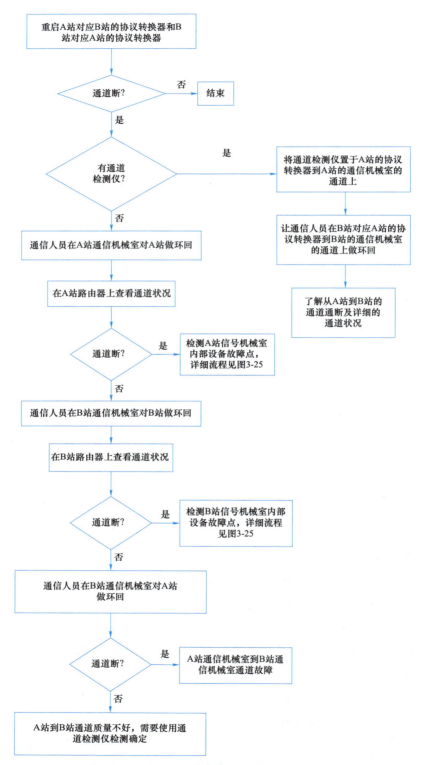

图 3-24　车站到车站网络通道故障检测流程图

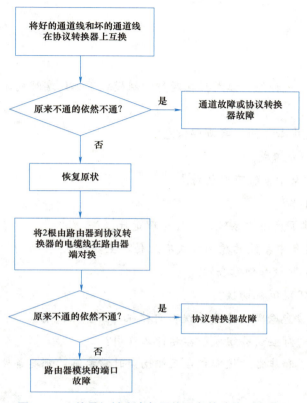

图 3-25 信号机械室内部网络设备故障检测流程图

（1）取 4 根做好的网线（每根 1 m 长）。

（2）将每台路由器以太网口的 2 根网线拔下，用拿来的网线将路由器的以太网口与两台交换机直接相连。

注意：注意区分不同网（A 网和 B 网）的网线，禁止插错。

3. 通信质量监督单元故障后的应急处理

通信质量监督单元故障后，可以临时甩掉通信质量监督单元，将通信质量监督单元的 G.703 同轴电缆入口与 G.703 同轴电缆出口用 T 型头一一短接。

注意：一对一地对接，严谨接错。

4. 通道防雷故障后的应急处理

通道防雷故障后，可以临时甩开防雷设施，用 T 型头将 G.703 同轴电缆直接连接，保证通道通信正常。

5. 通道故障后做打环试验

在 DDF 架上找到要打环的通道端子，将 DDF 架的连接端子从纵向连通变为横向连通。

注意：打环试验分本地环和远端环，本地环是指对本地设备通道进行短路环接；远端环是指对远离本地的对端设备通道进行短路环接。

复习题

1. 什么叫 CTC？

2. CTC 系统有哪两种控制模式？在两种控制模式下如何实现列车进路办理操作？控制模式的转换如何操作？

3. 自律机与调度中心之间交换哪些信息？

4. CTC 由哪些部分组成？

5. 分散自律调度集中系统有哪些特点？

6. 什么叫分散自律？

7. CTC 分散自律调度集中系统的工作原理是什么？

8. 分散自律调度集中系统的控制方式有几种？主要区别是什么？

9. CTC 与计算机联锁如何结合？

10. 自律机如何实现倒机切换？

11. CTC 系统主要包含哪几个子系统？自律机与哪些系统有接口？

12. 自律机主要由哪些设备组成？各起什么作用？

13. 分散自律模式和非常站控模式在互相切换时需要满足哪些条件？

参 考 文 献

[1] 侯启同，张国侯. 调度集中和列车调度指挥系统[M]. 北京：中国铁道出版社，2008.

[2] 陈红霞. 列车调度指挥系统和调度集中系统维护[M]. 北京：中国铁道出版社，2017.

[3] 何川宁. 高速铁路与普速铁路列车调度指挥对比分析[D]. 北京：中国铁道科学研究院，2016.